中国南阳汉画像石大全

第一卷

凌皆兵　王清建　牛天伟　主编

中原出版传媒集团
大地传媒

大象出版社
·郑州·

序

这部《中国南阳汉画像石大全》终于出版了。这真是一件令人无比欣慰与快意的事。

我是幼年间阅读《鲁迅全集》知道"汉画"这个词的。当时一掠而过，根本没往心里去。汉画是什么？哪里有汉画？想都没想，也就根本不知道它的分量和价值，更说不上给它以青目，爱它器重它。13岁那年，我随父母由洛阳来到南阳，对汉画的概念还是一片空白，因为多数的南阳人告诉我"南阳三大宝"：烙画、玉器、《出师表》。里头没有提汉画。

烙画，美轮美奂；

玉器，漂亮值钱；

《出师表》，名声大版本绝。

南阳人眼力不错，这三样东西确实是宝。但是汉画呢？多数的南阳人不知道。因此，散布在南阳地区城乡各处的汉画，都被用来作井上水石、房基石，用来铺路修桥，甚至造猪圈，真可谓到处都有，随处能见。作为今日的南阳人，很可能会联想到恐龙蛋化石，不知道时它就是废物，只能用来作墙基填料；一旦发现了它的身价，那就走私、偷运、窃卖，不惜以身试法去弄。我调查了一下，汉画石在民间也并非所有的人都不屑一顾，真正的行家，说出来叫人一愣，是贼！盗墓贼。汉画贩子真的是懂，怎么弄？看准了那块"石头"，先踩点，夜里偷偷去，把有"画"的那面石头切锯下来，修整后做个精致的木框子把它镶起来，这叫"上妆"。汉画石一旦上妆，它就值钱了，然后按他们的行规，偷运出去，多数是卖给了外国人。

我自1978年转业回南阳，恰好分到南阳市委宣传部工作，就管宣传文化这一块。当然我的官太小，说话没人听。虽然当时还是说"南阳三大宝"，但我还是刻意于汉画像石的收集与保护。记得那时只要有一点时间，我就骑上自行车，满南阳大街小巷寻找，把商店门口当台阶的、砌在墙上的、修路修出来的汉画——识别出来。我没有权去管，就打电话告诉文物管理部门，由他们出面去解决，这样也就收集了一点汉画像石。

我说这些旧话意思是什么？任何事物我们都有个认识过程。这个过程可能很长，但是过程就是过程，它总会过去的。此后的日子里，历届市委市政府越来越重视对汉画的收集、整理、研究和汉画馆的建设以及汉画图书的编辑出版。

这部厚重的《中国南阳汉画像石大全》，就是给所有的南阳汉画像石"上妆"。这是经过多少代人的努力才终于玉成其事的。

出书之前，汉画馆的同志希望冯其庸先生能为这部书题写书名，他们找到了我，我给冯老打电话，他老人家已经高龄，而且身体欠安，久已不为任何人做此类事，一听是这事，他在电话中毫不迟疑，欣然说道："我来写。"

南阳汉画馆是我国建馆最早、规模最大、藏品最多的汉画专题博物馆，是国家一级博物馆。但如果你深入一点进去，到后院仓库里去看看，垛得像小山一样的石墙、码在库房窗下墙角里的，全都是汉画像石，外头展厅里开放展出的也就百分之十的样子。这样来看，不仅普通民众看汉画根本看不全，就是专家研究汉画也是一筹莫展。

再好的宝物，如果不展示就不能绽放光彩；再有价值的文化现象，如果没有研究，它就变不成品牌。南阳人恐怕依旧还是要在那里无休止地说他们的旧"三大宝"。

这是世界级的文化瑰宝，它是南阳的，也是河南的、中国的"维纳斯"。我们有理由相信它会为我们华夏民族的文化增添一个灿烂的亮点。党中央号召我们从传统文化中汲取丰富的正能量为我们今日的社会建设服务。《中国南阳汉画像石大全》就是响应这个号召编辑成书的。

《中国南阳汉画像石大全》这部书从创意到编辑出版，从组织到实施，从总体规划到细节，南阳市委书记穆为民同志一直在"董其事"。他与汉画馆的同志一道商计这个文化工程，关注它的进展。有时我们见面，他也十分关注地询问一些具体问题。应该说，历代的地市委领导都对汉画呵护关爱有加，而穆书记则是身历其事，具体地在那里组织实施。

在这部沉甸甸的大书出版之际，我们不应该忘掉里面有穆为民书记的汗水与辛劳。

作这样一部书和作序写书不同。这是大量的脑力劳动和体力劳动融会在一起的结晶，也是历代的汉画馆工作人员、文物研究者和领导共同努力的结果。

我愿这个结果是颗种子。

二月河

2015 年 8 月 22 日

前言

一、南阳汉画像石产生的主要原因

　　汉画像石是两汉时代的墓葬（或墓葬的地面附属建筑，如祠堂、阙、碑等）所使用的刻有各种画像的建筑石材。在全国，汉画像石主要集中分布在四个区域：(1) 河南南阳、鄂北区；(2) 山东、苏北、皖北、豫东区；(3) 陕北、晋西北区；(4) 四川、重庆、滇北区。南阳成为全国汉画像石四大集中地之一，是和南阳在两汉时代发达的经济文化、特殊的政治地位及当时社会的丧葬习俗密不可分的。

　　南阳位于河南省的西南部，地处汉水流域，东、北、南三面群山环绕，是一个河流纵横、气候宜人、雨量充沛、土地肥沃的扇形盆地。秦时在此设置南阳郡。两汉时，南阳因其优越的地理位置和丰富的物产资源而成为农业和手工业极为发达的地区。农业和手工业的发展必然带来商业的繁荣。南阳郡治宛城在西汉时就已成为全国著名的五大商业都市之一，并享有"商遍天下""富冠海内"的美誉，有不少王侯分封在南阳。新莽时，光武帝刘秀起兵于南阳，在他统一全国的战争中，南阳人是主力军，他手下的文臣武将大多是南阳人。东汉王朝建立后，南阳更成为皇亲国戚、达官显贵们的云集之地。因此，南阳在东汉时又被称为"南都""帝乡"，由此可见南阳在东汉时特殊的政治地位。

　　汉代普遍盛行"灵魂不灭，事死如生"的丧葬观念。汉武帝后，统治阶级以儒家思想为正统。儒家崇尚孝道，所以汉代以孝治天下，以孝选贤能，而厚葬则是大孝的具体表现。因此，不仅财力雄厚的贵族富商极力推崇厚葬，就连一些不太富足的中下层地主、商人也不惜倾其家产对其父母实行厚葬，企图以此博得孝名，从而达到跻身仕途、升官发财的功利目的。

环抱南阳盆地的群山有取之不尽的建筑石材，瓦房庄冶铁遗址的发现与发掘见证了南阳冶铁技术的先进程度，并为石材的雕凿提供了锋利的铁制工具。

南阳在先秦时期属于楚国的统辖范围，楚人好巫信鬼等风俗为两汉时代所承袭。

在上述的自然与社会背景下，南阳一带便出现了大量的汉画像石墓。

二、南阳汉画像石的发现与发掘

东汉末年，军阀混战，社会动荡，经济凋敝，大量无人看守的坟茔因为埋藏有丰富的随葬品而成为不法之徒觊觎的目标。随着盗墓之风的日益猖獗，南阳一带的汉画像石墓开始遭到破坏。从现今南阳发掘的十余座魏晋墓中所用的汉画像石可知，早在三国时期就已有人二次利用汉画像石作为建墓材料。在其后1000多年的漫长岁月中，不知有多少座汉画像石墓被拆毁，民间发现的散存画像石均出自历代被盗掘的汉墓中。画像石被盗掘出土后，

因为体重量大而且没有多少经济价值，大多被丢弃在荒郊野外，有的被人移做他用，如作为捶布石、脚踏石、墙基石、铺路石、桥梁石等。南阳市老城区的魏公桥、七孔桥上原来都有不少汉画像石（被拆除后收藏于南阳汉画馆）；南阳城北黄渠河上有座玉石月牙桥，桥上砌有雕刻着月亮的汉画像石；方城县博望桥上也有许多汉画像石，其中最有名的是民间传说的"石人大睡觉"，实指横砌于桥基上的人物画像石（现已被不法分子盗走）。对此，因当时无人知其为汉代画像石，人们误以为是神仙造就的古景。

由于汉之后的历代文献对南阳汉画像石均未著录，所以，直到20世纪初，无论是学术界还是民间，皆不知南阳有汉画像石的存在，那些散落在街巷荒野的艺术珍宝被岁月的烟尘埋没而成为千古之谜。直到20世纪20年代，这一谜团才被解开。

1923年，当时为北京大学历史语言研究所研究生（后成为著名甲骨学专家）的董作宾（字彦堂）回家度假期间，在南阳老城区（宛城）发现了一些汉画像石。1927年冬，南阳籍著名教育家、方志学家、河南省通志馆编修张嘉谋（字中孚）奉命回

宛赈灾，工作之余，也发现了一些房屋墙基所使用的画像石。南阳发现的这些画像石由于与早已闻名的山东嘉祥、长清等地的祠堂汉画像石有类似的地方，所以被认定为汉代遗物，但人们尚不知这些画像石出自地上祠堂还是地下墓葬。

1931年夏，南阳暴雨成灾，白河洪水泛滥，在南阳城西南9公里的草店村附近，洪水冲刷出一座古墓。南阳驻军宋天才师派兵挖掘，得文物三担，偷运出去变卖。1932年秋，时任南阳县教育局局长的孙文青（新中国成立后任河南省博物馆馆长）前去草店查看，随后组织人员测绘、照相、拓片，得汉代陶片若干、画像石27块，制作汉画拓片44幅。1933年，南阳县北石桥镇和广阳镇（今方城县广阳镇）又发现两座汉画像石墓，墓葬已经被破坏，仅存部分画像石。孙文青闻讯前去考察，并拓印拓片30余幅。草店等墓的发现与发掘，使人们对南阳汉画像石的出处和用途有了一个初步的认识。

1933年，已成为甲骨文专家的董作宾回南阳家乡调查草店汉墓，并组织人力将在南阳城北门外发现的4块汉画像石运回南阳民众教育馆保存。同年，孙文青在南阳城内及南阳通往各县的道路旁共

发现散存汉画像石274块，在张禹九等人的协助下，拓制汉画拓片144幅。同时孙文青委派南阳民众教育馆馆长王万春（字笑山）组织人力对南阳城关及近郊的汉画像石进行认真调查，并将部分汉画像石搬运到南阳民众教育馆保存。

新中国成立后，地方政府高度重视文物的保护工作。随着城镇建设和农田水利工程建设步伐的加快，大量的汉代墓葬不断被发现，文物工作者在南阳境内先后科学发掘了有画像石的墓葬上百座，其中比较典型、规模较大的画像石墓有50多座。同时，在全区范围内开展了几次大规模的文物普查，发现了大量散存的汉画像石。这些从墓葬中发掘出土和文物普查中发现的画像石大部分已被南阳汉画馆收藏。

三、南阳汉画像石的收藏与保护

南阳汉画馆是收藏、陈列和研究南阳汉画像石的专题性博物馆。自新中国成立前至今，南阳汉画馆经历了"四建三迁"的曲折漫长的发展历程。

1934年，南阳民众教育馆内已存放了100余块从市区各地收集的汉画像石。为了更加有效地保

护这些文物，南阳教育界知名人士自发在南阳民众教育馆内组成南阳文献会，屡次向地方当局提出"保护国粹，光我祖国"的建议，呼吁当局采取措施保护南阳汉画像石。此建议得到了时任河南省第六行政区公署专员兼南阳保安司令的罗震的首肯和大力支持。

1935 年夏，罗震会同秘书李静之、建设科科长李丹五、教育科科长吴重辉、民众教育馆馆长王恒超等，辟南阳民众教育馆内空地一块，筹资兴建南阳汉画馆，历时数月于 10 月 10 日竣工，计建单檐廊庑式展室 3 间、廊房 26 间。汉画馆采用壁间镶石的陈列方法，展出汉画像石 118 块。罗震亲笔题写"汉画馆"门额，并撰写了《南阳汉画馆创修记》碑文。1935 年创建的南阳汉画馆，占地面积不大，馆舍比较简陋，收藏的汉画像石的数量也比较少，但正是这座汉画馆的建成，使南阳汉画像石从此有了可靠的归宿。这些先辈为保护、继承和弘扬民族文化遗产做出了不可磨灭的贡献。

1956 年农历年末，时任中国戏剧协会主席的田汉先生来南阳考察地方文化工作。田汉参观了南阳汉画馆后感到无比的震撼，又到魏公桥、七孔桥查看砌在桥基上的汉画像石，甚感可惜。田汉回到郑州后，及时向时任河南省省长的吴芝圃建议省政府拨专款改造魏公桥、七孔桥，并再建一座新汉画馆。此建议得到河南省领导的高度重视，1958 年，河南省政府拨专款 2.8 万元重建南阳汉画馆。

1959 年 10 月 1 日，汉画馆新馆在南阳武侯祠北面建成并正式开馆迎宾。新馆建"工"字房 11 间、廊房 20 间，展厅面积 900 余平方米，收藏和展出画像石 500 余块。时任中国科学院院长的郭沫若先生为汉画馆题写了馆名。

随着工农业基本建设的发展和考古发掘的不断进行，南阳汉画馆收藏的画像石数量猛增到 1000 余块，文物库房严重不足。1973 年，地方政府筹划在卧龙岗景区北部再建新馆。1978 年冬，新馆工程竣工，占地面积 2750 平方米，建筑面积 3560 平方米，展厅面积 1700 平方米。1979 年 1 月，新馆正式开馆，有关专家从馆藏的 1700 余块画像石中精选 189 块进行陈列展览。另外，又复原具有重要价值的汉画像石墓两座（唐河针织厂墓、唐河湖阳"郁平大尹"墓），作为基本陈列的补充。

1985 年 10 月 29 日，汉画馆成为南阳市文化局直属二级单位，从此结束了长期被代管的历史。

为了打造南阳汉画这一地方历史文化品牌，南阳市政府决定将汉画馆迁出武侯祠景区，重新建设一座更大规模的汉画馆，并将其作为一个新的文化景点。新馆址选在武侯祠南 500 米卧龙岗龙首处，景区占地面积 78.6 亩，1999 年 12 月 27 日建成开馆。新馆陈列大楼平面略呈 T 形，总建筑面积 6000 平方米，展厅面积 2410 平方米。新馆基本陈列荣获"2000 年全国博物馆陈列展览十大精品"奖。2008 年，南阳汉画馆被评为国家一级博物馆。2009 年，响应国家的文化惠民政策，南阳汉画馆免费向社会开放。2010 年，为了进一步提高陈展水平，树立国家一级馆的良好形象，国家文物局投资 200 余万元，对南阳汉画馆的基本陈列进行改造和提升。随着南阳汉画像石在国内外影响的日益增强，南阳汉画馆的知名度越来越高，已经成为南阳的城市名片和文化地标。

目前，南阳汉画馆共收藏汉画像石 2000 余块，成为我国建馆最早、规模最大、藏品最多的汉画像石专题博物馆。另外，除南阳汉画馆馆藏的汉画像石外，南阳市所属的唐河、方城等县市的博物馆（或文化馆），地方高校（如南阳师范学院）内部设立的供教学实习参观的小型博物馆，以及民间收藏爱

好者等也收藏有一定数量的汉画像石，这部分藏品也是南阳汉画像石的重要组成部分。从发现和收藏汉画像石的数量上来看，毫无疑问，南阳是全国汉画像石的主要出土地之一；从题材内容和艺术风格方面来考察，南阳汉画像石则独具地方特色。

四、南阳汉画像石的区域性特征

1. 题材内容

汉画像石在题材内容方面几乎涵盖了汉代物质和精神生活的方方面面，曾被我国现代著名历史学家翦伯赞誉为"一部绣像的汉代史"。南阳汉画像石的主要题材内容如下：

（1）生产劳动类画像：主要有耕耘、捕鱼等，再现了汉代先民辛勤劳作的场景。

（2）建筑类画像：主要有双阙、厅堂、楼阁等，它是汉代建筑成就的生动反映。

（3）历史故事类画像：主要有二桃杀三士、鸿门宴、聂政自屠、晏子见齐景公等，这些画像是对儒家忠孝仁义道德、"君权神授"思想的极度渲染。

（4）贵族生活类画像：此类画像为大宗，内容庞杂，有达官显贵投壶宴饮、车骑田猎、斗鸡走

狗、往来拜谒等生活场景，也有拥彗、端灯、捧奁、执戟和持盾等诸多奴婢侍使的形象。

（5）星宿与神话类画像：地域特色最为鲜明，有日月同辉、日月合璧、北斗星、彗星、牛郎织女星座、苍龙星座等具有天文学价值的画像，还有与星宿密切相关的许多神话形象和故事，诸如日月神、嫦娥奔月、羿射十日、雷公、风伯、雨师、河伯以及伏羲、女娲等，这些画像融天象与神话为一体，具有自然科学与人文科学的双重价值。

（6）角抵类画像：此类画像极富个性，主要有技击、搏熊、刺虎、斗牛等，这些画像中的人和动物形象夸张，富于感染力，充分展示了崇武尚力、富于挑战意识的时代精神。

（7）舞乐百戏类画像：有各种舞蹈、杂技和乐器演奏形象，建鼓舞、七盘舞各展风姿，飞剑跳丸、冲狭倒立异彩纷呈，展现了两汉时代歌舞升平的盛世景象，也是汉代南阳文化艺术空前繁荣的生动表现。

（8）祥瑞升仙类画像：有龙、凤、鹿、龟等诸多祥禽瑞兽，更有羽人戏龙、乘龙骑虎的升仙场景。这些仙气弥漫、祥云缭绕的画像正是汉代盛行的天人感应、灵魂不灭、辟邪升仙思想的图像化反映。

南阳汉画像石内容丰富，题材广泛，堪称为一部图画式的汉代史，在具有全国汉画像石的共性特征之外，个性化特征也十分鲜明：生产劳动类画像极少，而观舞赏乐、拜谒宴请、走狗田猎等吃喝玩乐场面比较常见；历史故事不多，而星宿、神话、祥瑞、角抵斗兽和辟邪升仙类画像甚众。

2. 艺术特色

南阳汉画像石与全国其他地区的画像石相比具有鲜明的区域性特色。

南阳汉画像石大多是一石一画一主题，画像布局疏朗、构图简洁、主题突出，雕刻技法主要有横竖纹底浅浮雕、平面底浅浮雕、斜纹底浅浮雕、高浮雕或透雕（局部）、阴线刻、凹面浅浮雕（早期）等，以前两种居多。

画像石是雕刻与绘画结合的艺术品，除雕刻工艺外，大多数画像石还有彩绘的最后一道工序，但由于年代久远，原来的彩绘多已脱落殆尽，仅有少部分残留了朱砂等颜料的痕迹，目前南阳画像石彩绘保存最好的是南阳市区的陈棚墓画像石。

南阳汉画像石最早出现在西汉昭宣时期，发展到东汉中期达到鼎盛，东汉晚期趋于衰落。早期的作品显得稚拙、粗犷，鼎盛时期的石刻线条流畅，极富弹性和韵律感，各种形象夸张、生动而传神，其艺术水准臻于巅峰。

总之，简约娴熟的雕刻技法、挥洒自如的绘画线条、夸张变形的人物动物造型、主题鲜明的构图形式、以形写神的创作理念、豪放浪漫的艺术情调、活力四射的强劲动感以及震撼人心的恢宏气势共同构成了南阳汉画像石独具特色的艺术风格。

五、南阳汉画像石图像资料的著录与出版

南阳汉画像石因为具有独特的文化内涵和艺术价值而受到世人的极大关注，将馆藏部分精品画像石进行陈列展览无疑是让参观者了解、认识、研究南阳汉画像石的重要手段，然而，限于种种客观原因，不少人难以亲临现场考察展出的原石，况且汉画馆展出的也不是馆藏品的全部。目前南阳汉画馆展出的仅仅是其全部藏品的十分之一，绝大多数藏品尚沉睡在文物库房内。因此，编辑出版南阳汉画像石图录就显得十分必要，它无疑是展示、宣传南阳汉画最便捷、最有效的办法之一。国内外的专家学者对南阳汉画的研究大都是以公开出版物作为主要的参考资料，鲁迅先生就是较早的开拓者。

20 世纪 30 年代，身居上海的鲁迅因为获得了河南省博物馆馆长关百益编的第一部南阳汉画图录《南阳汉画象集》（1930 年上海中华书局出版），才知晓南阳也有汉画像石，并对其情有独钟，但觉得本图录收集的画像太少（40 幅，张嘉谋收集），于是就萌生了自己收集拓片并编辑图录的念头。从 1935 年 11 月 5 日到 12 月 29 日的 50 多天时间内，鲁迅连续发出 7 封致王冶秋、台静农关于收集南阳汉画拓片的书信，可见心情之迫切。1935 年 11 月至 1936 年 8 月，通过杨廷宾、王正朔、王正今等南阳人的热情帮助，鲁迅先后收集到 241 幅南阳汉代画像石拓片，但遗憾的是，鲁迅英年早逝，他编辑南阳汉画图录的凤愿未能实现。鲁迅生前收集的南阳汉画拓片，新中国成立后由其夫人许广平无偿捐献给了北京鲁迅博物馆。可以告慰鲁迅先生英灵的是，北京鲁迅博物馆和上海鲁迅纪念馆联合从鲁迅收藏的南阳汉画拓片中精选了 200 幅，整理编辑为《鲁迅藏汉画象（一）》，于 1986 年由上海美术出版社出版发行。

1934 年 9 月，孙文青在开封寓所整理他历年来收集的汉画拓片，并开始编著《南阳汉画像汇存》

一书，于 1937 年由金陵大学中国文化研究所出版。该书共收录南阳汉画拓片 145 幅。这是新中国成立前公开出版的第二本南阳汉画图集，也是此前收集南阳汉画像拓片最多的一本图录。

1937 年 7 月 7 日，日本发动全面侵华战争，南阳汉画像石的收集和著录工作受到巨大影响。在抗日战争的艰苦环境中，孙文青在中共地下党员刘尧庭、刘寿之及国民党著名抗日爱国将领黄樵松的帮助下，继续四处寻访汉画像石，并把调查到的画像石编辑成《南阳汉画像汇存》第二、三、四、五集初稿，但遗憾的是这些书稿最终没有出版发行。

新中国成立后，南阳地方政府对汉画像石的保护力度进一步加大，除新建馆舍外，还把墓葬发掘出土和文物普查中发现的画像石及时收集入馆保存。同时，为了进一步提高南阳汉画的影响力，扩大受众面，南阳汉画馆还组织专业人员编辑汉画出版物。历年来，编辑出版的南阳汉画像石图录主要有《南阳汉代画像石刻》（1981 年上海人民美术出版社）、《南阳汉代画像石》（1985 年文物出版社）、《南阳汉代画像石刻（续编）》（1988 年上海人民美术出版社）、《南阳汉画像石》（1989

年河南人民美术出版社）、《南阳汉代墓门画艺术》（1989 年百家出版社）、《南阳两汉画像石》（1990 年文物出版社）、《南阳汉画早期拓片选集》（1993 年中州古籍出版社）、《南阳汉代画像石墓》（1998 年河南人民美术出版社）、《南阳汉画像石精萃》（2005 年河南人民美术出版社）、《南阳汉代画像石图像资料集锦》（2012 年中州古籍出版社）等。

随着时间的推移，新的汉画像石不断被发现，上述诸种版本的图录已经远远不能满足读者的需求，人们强烈期盼更新、更全、质量更高的图录早日问世。

六、《中国南阳汉画像石大全》的编撰

2012 年，北京大学汉画研究所指导协助南阳汉画馆开展历时两年的馆藏画像石数据库建设工作，在此基础上，我们组织馆内的主要业务人员着手编辑十卷本的《中国南阳汉画像石大全》一书。

本书是南阳汉画的大型图录，收入的图像全部是南阳汉画馆馆藏画像石（包括已调拨到河南博物院的部分画像石）的拓片。之所以称为"大全"，是因为此书几乎囊括了目前馆藏品的全部，相对于

以往出版的诸种单行本图录而言，它是收录图像最多、最全的（2000多幅）。不过，囿于本书的容纳量，我们不得不舍弃了一些内容重复太多、残损或图像不太清晰的画像石，如人物图像等。另外，还有一些因为展览、原地封存以及调出等客观原因，不便制作拓片的部分画像石也没有收入本书。

《中国南阳汉画像石大全》一书内容按画像石的来源分为两大部分：前三卷为墓葬出土的画像石的拓片，后七卷主要是征集的散存画像石拓片。

第一卷前面有《序》《前言》，每卷的前面都有简要介绍该卷主要内容的《卷首语》，每幅图片下边附有简单的说明文字，主要包括名称、尺寸、征集地（在墓中的位置）、内容描述等。需要特别说明的是，1985年之前在南阳市区和南阳县征集的散存画像石，很多没有具体的出处，所以征集地一项只能笼统地标为南阳市。有一些内容简单的画像石，如第十卷的装饰图案，因为没有描述的必要，内容描述从略。

墓葬发掘出土的画像石按区域分卷，以墓葬为单元进行介绍。第一、二卷为南阳市宛城区、卧龙区发掘的部分典型墓葬画像石，第三卷除南阳市第二化工厂30号墓外，都是南阳市所属的唐河、

方城、邓州等县市发掘的墓葬画像石。

为了方便读者查阅，民间征集的散存画像石，按画像的题材内容进行了简单分类。由于目前学术界对汉画题材内容的分类存在很大的争议和分歧，没有形成统一的标准，而且有些画像内容尚待考证而意义难以明确，所以对于部分画像，我们只能从艺术形象的表面形态进行非功能性的粗略划分。其中第四卷为各种单体的人物图像，因这类图像数量很大，一卷容纳不下，只好顺延到第五卷。第五卷内容比较杂，除前半部分单体的人物图像外，还包括生产生活中的多种人物活动场景以及建筑、历史故事画像等。第六卷主要是各种具有祥瑞意义的单体动物。第七卷是反映逐疫和升仙思想的动物或仙人类的组合画像。第八卷为角抵类画像，本书所谓的"角抵"是指人与兽斗、人与人斗和兽与兽斗的场景。除了反映世俗娱乐活动，有的角抵画像很可能具有辟邪意义，但因争斗的特征比较明显，故也被归入本卷。第九卷包括两大部分，前半部分为"星宿与神话"，后半部分为"舞乐百戏"，这两部分内容本无多大关联，只是数量较少难以独立成卷，故合并收入一卷中。第十卷是纯粹的几何图案，集中展现了汉代南阳这一区域装饰艺术的主要流行样

式。

　　由于工作量大、时间仓促，加上我们的学术水平有限，书中难免存在一些不当甚至舛错之处，敬请读者批评指正。

目录

本卷收录了南阳麒麟岗汉画像石墓、陈棚彩绘画像石墓、十里铺汉画像石墓三座墓葬出土的203幅画像。

一、麒麟岗汉画像石墓

麒麟岗汉画像石墓位于南阳市卧龙区麒麟岗村西边(今中原机械厂生活区)，1988年5月10日开始对该墓进行发掘。

该墓为砖石混砌结构，由二大门、前室、南主室、中主室和北主室五部分组成，墓室平面呈"而"字形。该墓所属时代为东汉早期或中期偏早。墓葬的骨架部分全部用条石、石板构筑，共使用条石、石板111块，雕刻画像153幅。该墓是南阳出土的汉画像石墓葬中画幅最多的墓葬。本卷选录105幅画像。

二、陈棚彩绘画像石墓

陈棚彩绘画像石墓位于南阳市宛城区仲景街道办事处陈棚村村东，地处滨河东路路西约10米，东靠白河，西邻市盐业局。2001年11月29日，陈棚村村民在拓宽滨河路绿化带施工时发现了该墓葬，同年12月报请有关部门批准后，南阳市文物考古研究所派员进行了清理。该墓墓葬时代为新莽时期或东汉初。此墓共用石料51块，有画像石39块，画像83幅，其中彩色画像36幅，彩绘的颜料有朱红、紫红、粉红、土黄、黑色、白色和粉绿等，达7种之多，是目前南阳所见保存彩绘最为完整的一座画像石墓。本卷选录65幅画像。

三、十里铺汉画像石墓

十里铺汉画像石墓是 1982 年 4 月中旬群众在十里铺村东窑场挖土时发现的，南阳地区文物工作队和南阳县文化馆于 4 月 25 日至 5 月 6 日对此墓进行了清理。墓葬的时代为东汉末年或三国初期。

此墓方向为 273 度，由墓道和墓室组成，砖石混合结构，墓圹略呈长方形。墓室长 6.72 米，宽 2.29 米，高 1.98 米，分为前、中、后三室，三室均有石门。共用石块 46 块，其中有画像的 26 块，共雕刻画像 57 幅，是一座画像较多的墓葬。本卷选录 33 幅画像。

〔麒麟岗墓画像石〕

朱雀铺首衔环

46 cm×120 cm　大门门扉正面

画像上刻朱雀作翘尾展翅之状，下刻铺首衔环。

云气纹

82 cm × 32 cm　北主室北壁中假门门楣石下面

画中缭绕的云气是天界仙境的一种象征符号。

画中缭绕的云气是天界仙境的一种象征符号。

云气纹

106 cm × 32 cm　中主室南壁西假门门楣下面

画中缭绕的云气是天界仙境的一种象征符号。

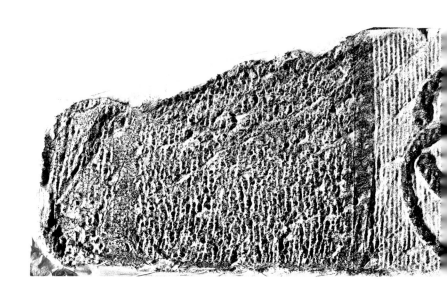

云气纹

108 cm ×31 cm　北主室南壁西假门门楣下面

（上图）画中缭绕的云气是天界仙境的一种象征符号。

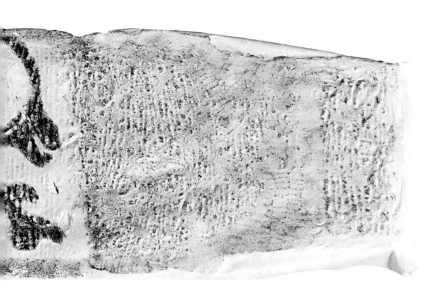

云气纹

110 cm ×32 cm　北主室北壁西假门门楣下面

（下图）画中缭绕的云气是天界仙境的一种象征符号。

画中缭绕的云气是天界仙境的一种象征符号。

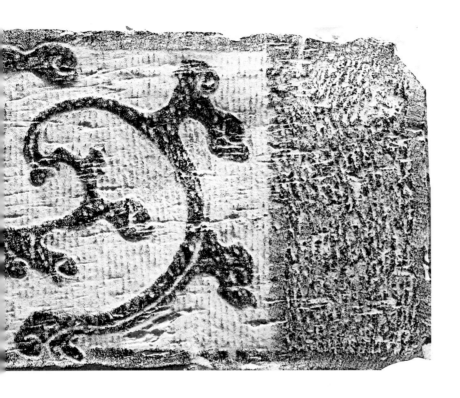

云气纹

50 cm×30 cm　北主室南壁东假门门楣下面

画中缭绕的云气是天界仙境的一种象征符号。

龙

35 cm ×50 cm　前室北壁东假门后壁上端

一龙倒立，后腿漫漶只余一爪，龙尾下卷。龙肩生双翼，头生一角，张口作回噬状。

龙

45 cm×33 cm　前室南壁西假门后壁上端

龙一角有翼，四爪，作扭曲升腾状。

龙

22 cm × 132 cm　前室南壁中立柱正面

龙两前爪上举，回首，张口自衔其腹。龙尾卷曲下垂，后爪作曲腾状。

龙

23 cm×132 cm　前室北壁假门中立柱正面

龙两前爪上举，回首，张口衔其背，龙尾卷曲下垂，后爪作曲腾状。龙身毛羽垂下。

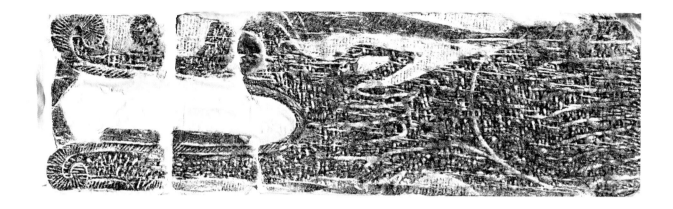

龙头

108 cm ×31 cm　北主室南壁西假门门楣正面

应龙仅有龙头部分，嘴部为圆雕，巨口大张，獠牙外露。

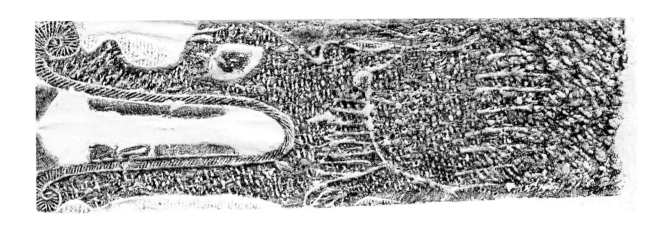

龙头

110 cm×32 cm　南主室北壁西假门门楣正面

应龙仅有龙头部分，嘴部为圆雕，巨口大张，獠牙外露。

应龙

108 cm ×31 cm　　中主室南壁西假门门楣背面

应龙为圆雕，肩生双翼，头生双角，首西身东当作门楣。

青龙

49 cm ×60 cm　北主室北壁西假门后壁

青龙二前爪按地，下体扭曲，二后爪上伸，身生长毛双尾。龙颈上举，头上生角，张口作吐雾状。

螭龙

30 cm ×60 cm　中主室南壁西假门东立柱西侧面

螭龙，龙身无角，无前爪，后腿粗壮，盘曲龙尾，张口曲颈而自衔其背。

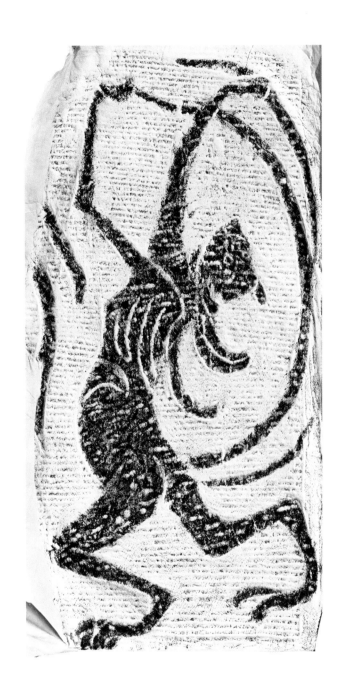

神兽

23 cm ×60 cm　南主室北壁西假门东立柱正面

神兽鼠首兽身，肩背部生长毛。双长尾环绕至胸前，仰面，双爪举起作弄尾状。

神兽

82 cm × 31 cm　南主室北壁中假门门楣正面

神兽貔首，尾拖于地作匍匐行走状。空白处饰云气。

神怪

82 cm × 32 cm　北主室北壁中假门门楣正面

此图漫漶严重，可辨它与顶部刻绘的神怪相同。一神怪裸体，圆耳，圆眼，长喙，大口，大腹，两手上举作曼舞状。其周围饰云气。

神兽

30 cm × 60 cm　中主室南壁中假门东立柱正面

神兽龙首，龙颈，龙爪，蹲坐后仰，圆腹朝上似气囊。大张其口，翘起长尾，右前爪按地，右后爪抬至右肩作搔痒状。

神兽

31 cm ×60 cm 中主室南壁东假门东立柱西侧面

神兽长舌，头生一角，人身，长尾，兽爪，两臂生羽毛，人立于画中。

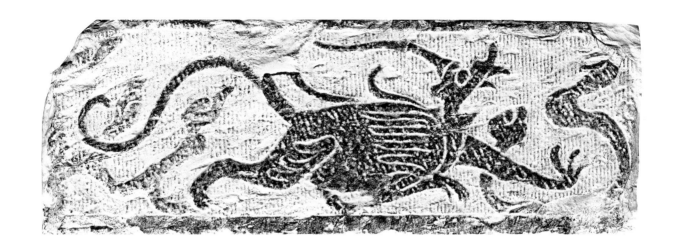

神兽

92 cm ×31 cm　中主室南壁东假门门楣正面

神兽肩生双翼，虎身、虎爪，口生巨齿，头生长角，大张巨口，长尾曳地作奔腾状。画中饰
云气。

神兽

93 cm ×29 cm 南主室北壁东假门门楣正面

神兽虎身、虎头，头生一角，角向前方，雄狮尾，张口作奔走状。空白处饰云气。

神兽

56 cm ×32 cm　北主室南壁中假门门楣正面

画中刻兽，龙身，龙爪，长尾，奔腾于云气之中。

神兽

87 cm × 32 cm　北主室南壁东假门门楣正面

神兽方面圆眼，体形似鸟，四足，口吐云气作爬行状。其周围饰云气。

神怪

32 cm×60 cm 中主室南壁西假门东立柱正面

神怪裸体，圆耳，圆眼，长喙，大口，大腹。左手执一物作曼舞状。其周围饰云气。

怪兽

87 cm×32 cm　北主室南壁中假门门楣下面

怪兽龙身、龙爪，前腿生长毛，鳖头鸡颈，口中似吐云气。腹下饰云雾。

白虎

47 cm × 60 cm　北主室北壁东假门后壁

白虎翘首昂尾作奔走状，身下刻饰的似为山峰，又似云气。

玄狐

49 cm × 60 cm   中主室南壁西假门后壁

玄狐鼠头、狐身、狐爪，身生毛羽，长尾丛生。旁边有珠树生出。画中饰云气。

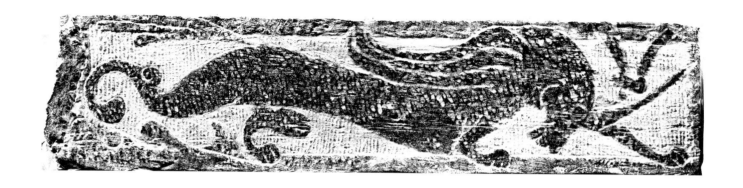

猛兕

103 cm ×24 cm　南主室南壁中假门门楣正面

兕，一角，有双翼，向前作抵御状。

猛兕

92 cm ×15 cm　南主室门门下槛正面

神兽独角，有翼，长尾，作前抵之状，或名为兕，也有人考证为獬豸。

白虎

83 cm × 36 cm　前室西壁南端假门门楣

画像下部饰连绵山峰，虎张口奔走，向前作追逐状。虎前有兽，而画像中仅雕刻其后腿及尾巴。汉代人认为，虎能辟凶邪鬼魅。汉应劭《风俗通》曰："虎者，阳物，百兽之长也，能执搏挫锐，噬食鬼魅。"

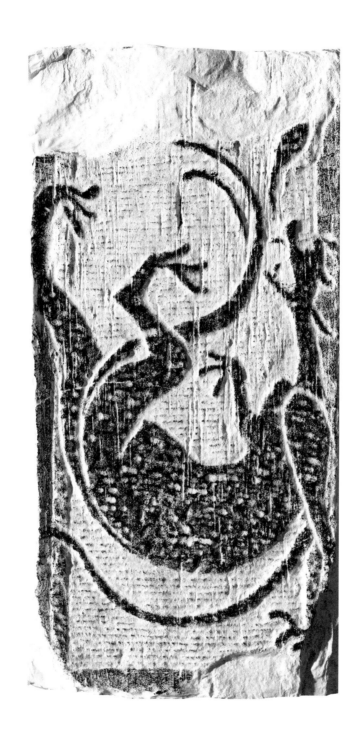

腾蛟

30 cm ×61 cm　南主室北壁东假门东立柱正面

画中刻一神兽似蛟，龙首鳄身，长尾蜷曲于两股之间，头前有物似鱼，蛟腾身张口作捕捉状。
蛟为水中之怪兽，据说千年可化为龙，称蛟龙。

凤凰

32 cm × 64 cm　北主室南壁西假门东立柱东侧面

画中刻凤凰，展翅开屏作跳跃状。

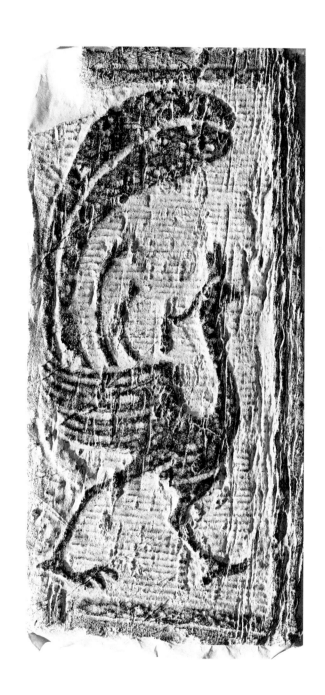

凤鸟

29 cm ×59 cm　　北主室北壁东假门东立柱西侧面

画中刻凤鸟，鸟首有羽冠，硕大的尾巴上翘，作漫步状。

仙鹿

32 cm ×59 cm　北主室北壁中假门西立柱正面

画刻一鹿，双角硕大，勾首，左后腿抬起作搔痒状。古人认为鹿为瑞兽，常与仙人为伍。

熊

62 cm ×63 cm　北主室北壁中假门后壁

画刻一熊，前爪上举，仰身坐地。其周围饰云气。

玄武

59 cm × 30 cm　北主室北壁中假门西立柱西侧面

画刻一神龟，龟身下有长蛇缠绕，应为玄武，蛇躯有部分漫漶。

大雀

47 cm ×30 cm　北主室北壁东假门门楣下面

画中一大雀作静立回首状，其周围饰云气。

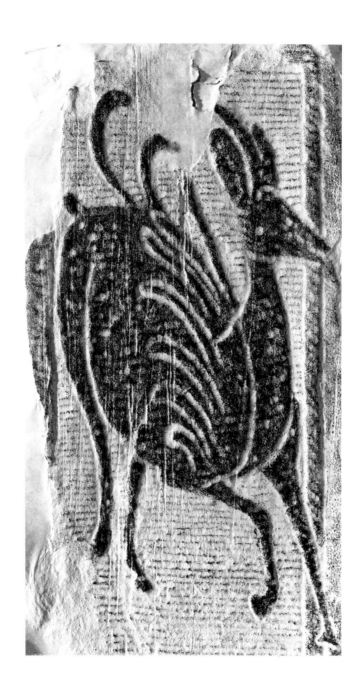

麒麟

30 cm ×59 cm　北主室北壁中假门东立柱西侧面

画刻一麒麟，鹿身，肩生毛羽，鹿首，两耳之间生一角。

风神飞廉

92 cm ×32 cm 北主室北壁东假门门楣正面

画刻一神兽似飞廉，雀头有角，口无牙齿，鹿身有翼，尾如长蛇，口吐云气作飞奔状。画中饰云气。《续博物志》曰："飞廉鹿身，头如雀有角而蛇尾豹文。"古人认为飞廉是风神。

三头鸟

31 cm × 60 cm　中主室南壁中假门东立柱西侧面

画中有鸟似鸡，头上生二长颈，长颈之上各生一头，附生的二头后各饰翎毛状物。三头鸟作静立状。

大象

33 cm ×59 cm　北主室北壁中假门东立柱正面

画刻一大象，大头，大耳，长牙，龙爪，脑后有翎毛，作人立状，背立于画面之中。

伏羲捧日

42 cm×128 cm　南大门门楣下面

伏羲人首蛇身，头戴"山"形冠，肩生毛羽，上体着衣，下体裸露长长的蛇尾和两爪，有羽毛从臀部和两下肢垂下，怀中的大圆是太阳。太阳上刻饰的图形漫漶而不可辨。

女娲捧月

41 cm×145 cm 北大门门楣下面

女娲人首蛇身，头上似饰高髻，肩生毛羽，上体着衣，下体裸露长长的蛇尾和两爪，有长羽毛下垂到臀部和下肢，怀中的大圆是月亮，月亮中刻饰的图形漫漶而不可辨。

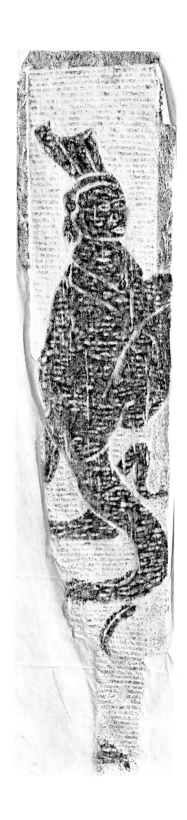

伏羲

20 cm ×84 cm　南主室门北立柱北侧面

伏羲人首蛇身，下体生双爪，蛇尾毛羽下垂，头戴"山"形冠。

女娲

18 cm ×86 cm　北主室门北立柱南侧面

女娲人首蛇身，头饰高髻，上体着衣，下体生双爪，拱手侧面而立。

伏羲

24 cm ×132 cm　前室南壁西立柱正面

伏羲人首蛇身，戴冠，上体着衣。蛇身弯曲下垂，生有两爪和毛羽，右手拿一物，似为灵芝。

女娲

53 cm × 29 cm 中主室南壁中假门门楣下面

画像虽然漫漶，但可以辨出与墓顶刻绘的女娲相同。女娲人首蛇躯，双手上举，蛇躯舒卷作飞腾状。

羽人

31 cm ×60 cm　北主室门北立柱东侧面

羽人头有长发，身生毛羽，右手执三珠树，侧身作行走状。

羽人

30 ㎝ ×59 ㎝　北主室北壁中假门东立柱东侧面

羽人体生毛羽，背面而立，左臂托于胸前，左手从右肩露出，双手抚弄一物，因漫漶而不可辨，躬身作疾走状。

蹶张

46 cm ×60 cm 南主室北壁西假门后壁

一力士头饰发髻，身体魁梧雄健，口衔羽箭，脚踏强弩而张之，故为蹶张。或考证其为宗布神。汉代有在住宅中祭祀宗布神之俗，希望宗布镇宅除邪。《淮南子·泛论训》曰："羿除天下之害，死而为宗布。"

执钺门吏

32 cm × 138 cm　大门北立柱南侧面

门吏执钺，钺前部石质剥落。门吏头上刻饰发髻，身着长衣，右腿前靠立大盾牌，面西（大门方向）而立。

羽人

88 cm × 32 cm　北主室南壁中假门门楣下面

画刻一羽人，身生羽毛，作奔跑状。其周围饰云气。

仙人乘龟

51 cm ×60 cm　中主室南壁中假门后壁

画中仙人为女子，脑后似披长发，阔袖，束腰，裙摆铺盖在龟背之上作踞坐状。双手执仙草丛卷于上方。神龟昂首作爬行状。

仙人·不死草

31 cm ×60 cm　南主室北壁中假门东立柱正面

画刻一仙人，身生毛羽，长长的草叶弯垂于仙人脑后。仙人右手下垂，左手上举，仰面作抚弄草叶状。

五神·日月神·天象

368 cm ×137 cm　前室盖顶石下面

（下页图）画幅由9块石板组成。画像中部，上刻朱雀，下刻玄武，东刻青龙，西刻白虎。中央戴"山"形冠踞坐者，即太一。青龙右边刻日神伏羲，戴冠，上身着衣，下体为蛇躯，生二爪，怀中所抱圆物为日，日中刻三足乌（石质漫漶，出土时仍可辨认）。其右刻北斗七星连线。白虎左边刻月神女娲，戴冠，似有披发，上身着衣，下体为蛇躯，生二爪，怀中所抱圆物为月，月中刻蟾蜍（石质漫漶，出土时仍可辨认）。其左刻南斗六星连线。画中饰云气。

神人

29 cm × 60 cm 中主室南壁东假门东立柱正面

神人人首人身，却生着粗长的尾巴，身有长毛，左手执一物似芝草。

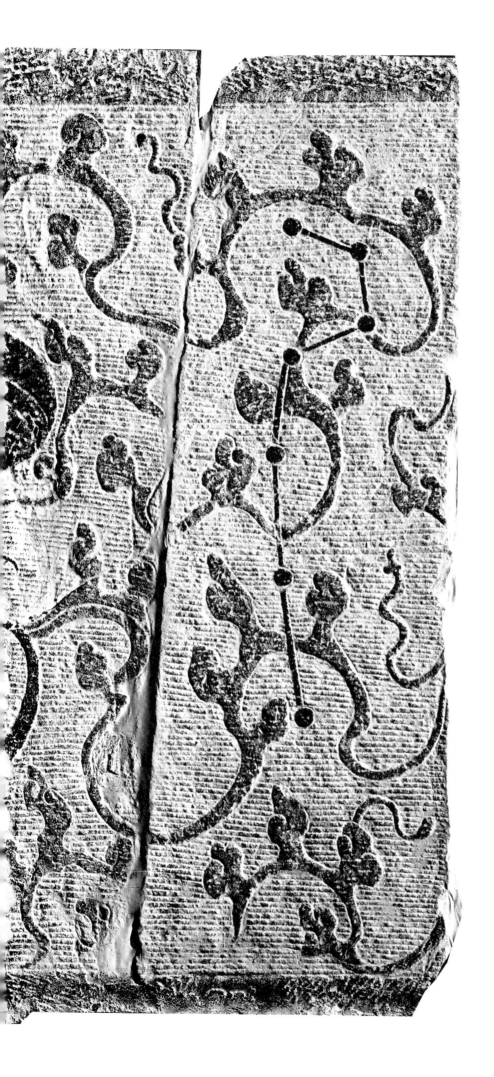

羽人

87 cm ×31 cm　中主室北壁东假门门楣正面

画刻一羽人，在云气中飞奔。

仙人乘神兽

81 cm ×31 cm　　中主室南壁中假门门楣正面

　　画刻一仙人乘坐神兽。仙人似赤身，二臂前伸。神兽引颈张口，长尾昂起作飞奔状。其周围
饰云气。

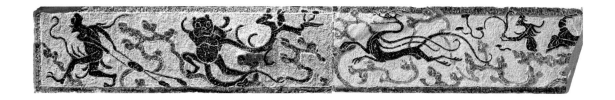

升仙

144 cm × 40 cm 二门门楣正面

此画像由两块石头组成。画右一龙作飞腾状，其右一人，下身被云气所遮掩，肩生毛羽，双手执仙草前伸。羽人身后一男子，戴羽冠，侧面坐于云端。龙左有一女子，人首蛇身，左手高擎灵芝，升腾云端，似为女娲。其左边刻一怪物，形似蟾蜍，双手于背后搂着女娲蛇尾作嬉戏状。其左有一神怪，赤身有尾，身生毛羽，双手曳一物（疑为连鼓），作奔跑状。画间云气缭绕。

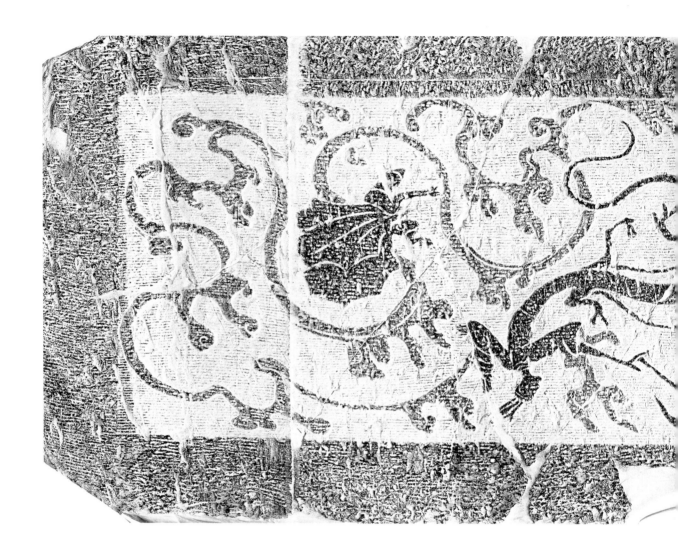

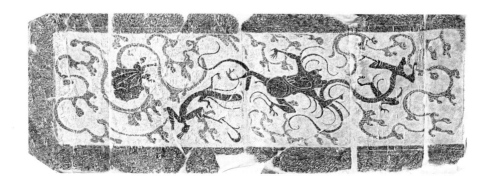

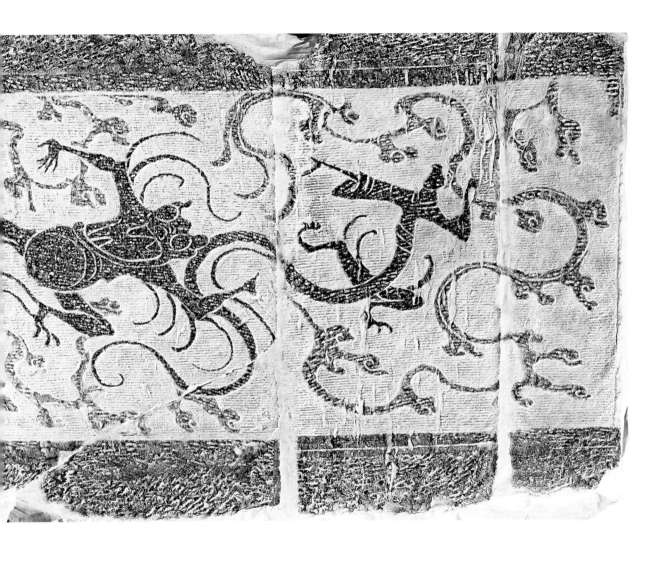

伏羲·女娲·神怪

260 cm ×92 cm　中主室盖顶石下面

此图由6块石板雕刻而成。画中一神怪全身赤裸，圆眼大嘴，身生毛羽，其上刻伏羲人首蛇躯，
蛇尾漫卷在神怪肩肘上下。神怪之下为女娲，人首蛇躯，头有高髻或长发，左手执物似瑞草，
长长的蛇尾漫卷在神怪右腿窝左右。女娲下边刻画似人或物，因漫漶而终难辨认。画中饰云气。

伏羲·女娲·神怪

257 cm ×98 cm　北主室盖顶石下面

这幅画像由 6 块石板刻成。画中刻神怪，全身赤裸，圆眼，大嘴，长喙，下颚有齿，右手执条状物，右肘窝揽住女娲蛇尾。伏羲蛇尾卷曲于神怪左腿后侧。神怪左手伸出，弓步作揽拽状。画左，女娲人身蛇躯，身生长毛羽，双手上举奔向神怪。女娲之下一物似蟾，有长尾。画右，伏羲人首蛇躯，身生毛羽，右手执珠树，左手持物作招展状，面向神怪，作曲身以赴状。伏羲身后有玄蛇，蛇背向下，尾朝上，口中吐物。画中饰云气。

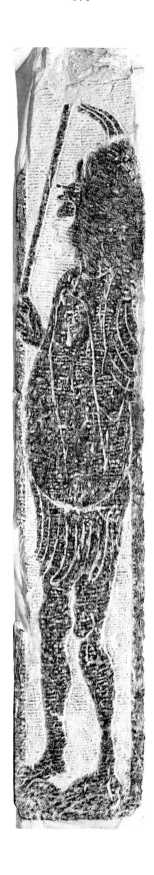

护墓人物

23 cm × 132 cm　前室北壁假门东立柱正面

护墓人头部剥落，圆腹巨足，圆腹之下刻饰毛羽。左手执盾，右手操剑。

护墓神人

23 cm×132 cm 前室北壁假门西立柱正面

神人戴蛇尾冠，冠前二椭圆似二目，额部刻饰垂三角似口，三角之上为鼻，两颊部椭圆又似
二目。圆腹兽爪，圆腹之下刻饰毛羽。右手操剑，左手执盾，左肩斜插一物。

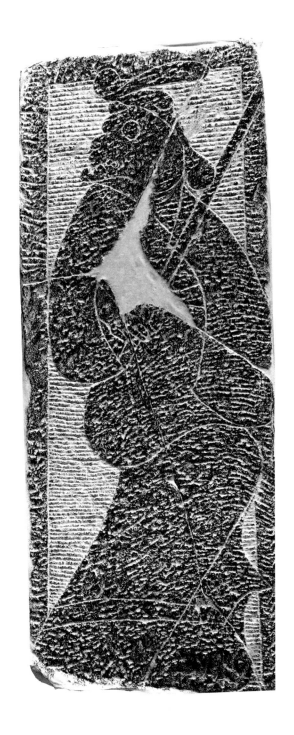

护墓神人

46 cm ×120 cm　大门门扉背面

画中的武士似为门神，头饰巾帻，面目狰狞可怖，身体魁梧奇伟，双手执梃而立。神荼、郁
垒是中国民俗中刻画在门户上最早的门神。

门吏戴前低后高冠，双手执笏，侧身而立。

执笏门吏

29 cm ×96 cm　南主室门南立柱正面

门吏戴前低后高冠，双手执笏，侧身而立。

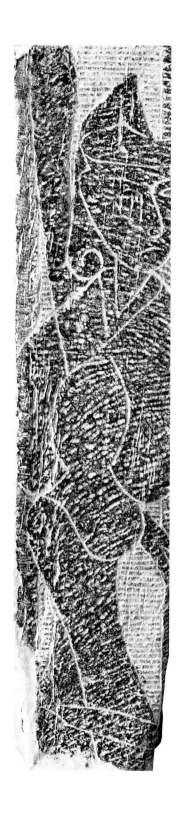

执棒门吏

23 cm ×96 cm　南主室门南立柱北侧面

门吏戴尖顶冠，执棒侧身而立。棒或称为"吾"，按等级可分为铜、木等不同的材质，铜的叫"金吾"。吾有禁凶御非常的作用。

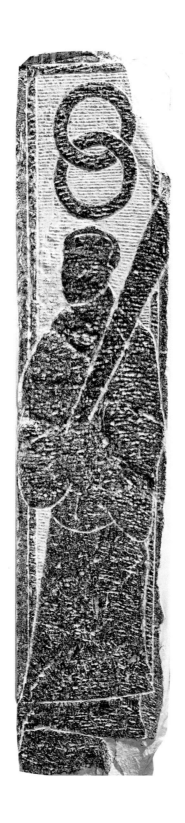

执金吾门吏

30 cm ×120 cm　南大门中立柱南

画像上边刻二连环。门吏戴冠，着长衣，双手执吾面西（大门方向）而立。

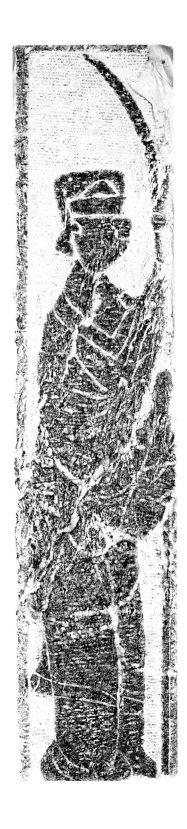

执棨戟门吏

32 cm ×117 cm　大门南立柱正面

门吏戴前低后高冠，身着长襦，执棨戟面向北而立。棨戟上部有脱落。画像中部断裂，画面
受损。

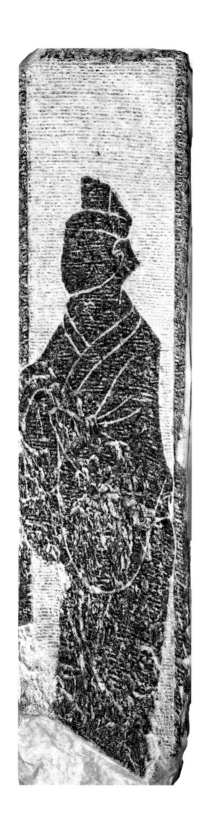

门吏

32 cm × 132 cm　大门北立柱背面

门吏戴前低后高冠，着长衣，拱手，侧身而立。

执笏门吏

32 cm×120 cm　大门中立柱北侧面

画像上边刻二连环。门吏戴冠，着长衣，双手执笏，侧身而立。

画像上边刻二连环。门吏戴前低后高冠，着长衣，双手捧盾而立。

捧盾门吏

32 cm×120 cm　大门中立柱正面

画像上边刻二连环。门吏戴前低后高冠，着长衣，双手捧盾而立。

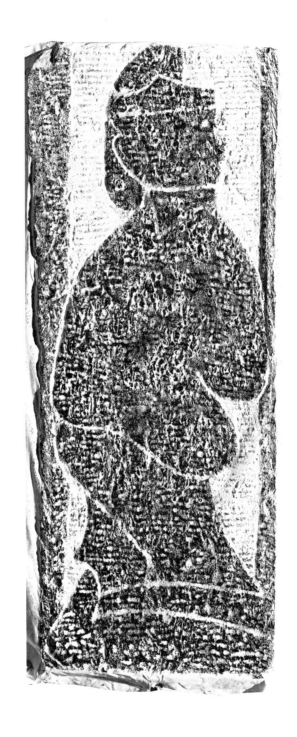

侍者

19 cm × 78 cm　南主室南壁东假门东立柱正面

画像漫漶，不能辨人物双手捧持何物，作侧面侍立状。

侍者

28 cm ×81 cm　南主室南壁西假门东立柱正面

侍者戴前低后高冠，身着长衣，作躬身侍立状。

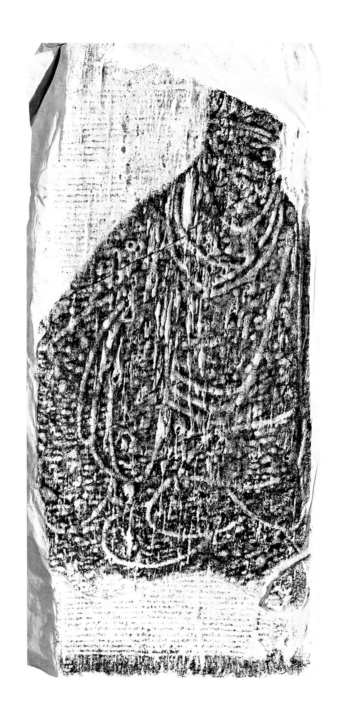

人物

28 cm × 64 cm　北主室南壁东假门东立柱正面

画中人物阔衣博带，戴冠，冠上部剥落，盘坐。

人物

31 cm ×64 cm　北主室北壁中假门东立柱正面

画刻一人戴高冠，长衣宽袖。

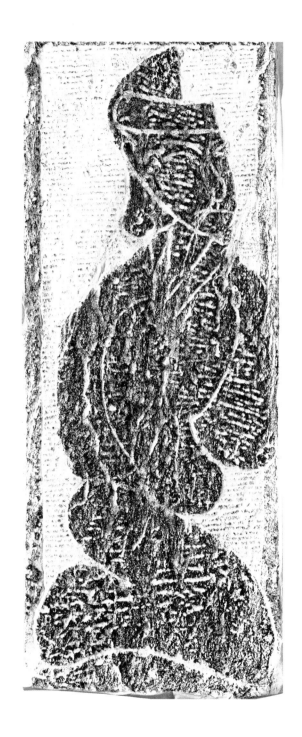

跪拜

31 cm ×80 cm　南主室南壁中假门东立柱正面

画中人物戴冠，着长衣，作跪拜状。

拜谒

52 cm×48 cm 前室南壁东假门后壁上端

画像左一人戴前低后高冠，身着长衣，跽跪于地作拜谒状。其后一人似童子，戴尖顶冠，肩扛一棒站立，作躬身等候状。

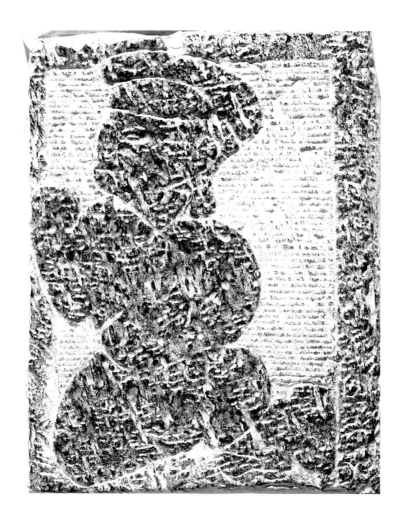

跪拜

46 cm ×64 cm　南主室北壁东假门后壁正面

画像中人物漫漶。人物戴冠，着长衣，面西作跽跪拜谒状。

画左一人，戴前低后高冠，身着长衣，执笏作进见状，后随一人，头戴尖顶冠，双手执金吾，躬身作相随状。

拜谒

49 cm ×60 cm 南主室北壁中假门后壁

画左一人，戴前低后高冠，身着长衣，执笏作进见状，后随一人，头戴尖顶冠，双手执金吾，躬身作相随状。

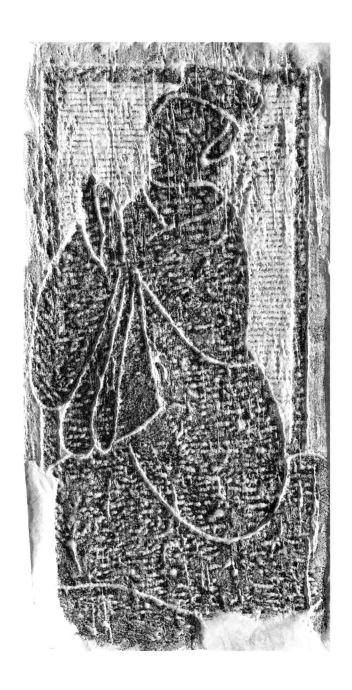

跪拜

32 cm×64 cm　北主室南壁中假门东立柱正面

人物头上似饰高髻，长衣阔袖，正面跽坐欠身作跪拜状，画像剥落，面目难辨。

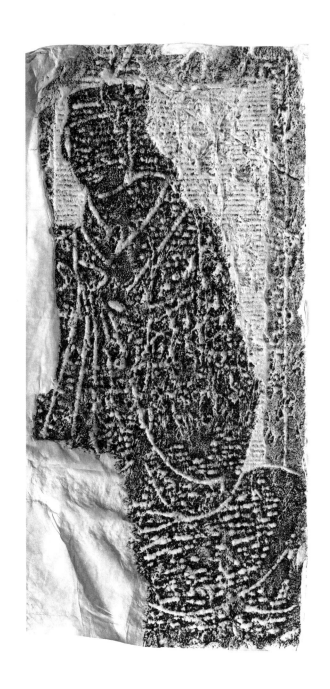

跪拜

32 cm×64 cm　北主室南壁中假门东立柱东侧面

人物长衣阔袖，面北，欠身作跪拜状。

跪拜

32 cm×64 cm　北主室南壁中假门东立柱西侧面

人物长衣阔袖，面北，欠身作跪拜状。画面漫漶。

画像漫漶，捧物者似着高冠，长衣阔袖，双手不知捧持何物，作踞跪状。

捧物人物

31 cm ×64 cm 中主室北壁中假门东立柱正面

画像漫漶，捧物者似着高冠，长衣阔袖，双手不知捧持何物，作踞跪状。

人物

51 cm ×60 cm　中主室南壁东假门后壁

右边男子戴前低后高冠，着长衣，双手执笏作拜谒状；左边童子双手执金吾扛于肩上，作躬身侍立状。

捧熏炉侍者

27 cm×84 cm　南主室门北立柱正面

侍者侧身，头饰似为头巾，双手捧熏炉侧身侍立。

捧物人物

32 cm×64 cm　北主室南壁东假门东立柱西侧面

画中人物戴冠，阔袖，作踞坐状，双手捧持不辨何物。

端灯人物

28 cm×64 cm   北主室南壁东假门东立柱正面

画中人物阔衣博带，戴冠，双手端灯而立。

捧熏炉侍者

32 cm ×65 cm　中主室北壁西假门东立柱正面

画刻侍者，头部稍有漫漶，似戴头巾，长衣阔袖，双手捧熏炉作跽跪状。

捧盒侍者

32 cm ×65 cm　北主室南壁西假门东立柱西侧面

画刻一侍者，头部稍有漫漶，似戴头巾，长衣阔袖，双手捧衣盒作跽跪状。

贵妇

91 cm×110 cm　中主室东壁正面

画像由 3 块石板刻成，是墓中最大的人物画像之一。贵妇人头裹围巾，身穿细腰长裙，衣裙曳地。裙下沿缀饰瓣状花边。衣边放置博山熏炉。双手托于胸前，衣饰随风翻飞。

贵妇

95 cm×110 cm　北主室东壁正面

这是墓中最大的人物画像之一。贵妇人头饰高髻，细腰束带，身着曳地长衣。右手托于胸前，左手托起，雍容大方，一派贵妇人仪表。

贵妇头梳高髻，身着曳地长裙，宽袖而细腰束带，张臂漫步。

贵妇

35 cm ×83 cm　前室北壁东假门后壁下端

贵妇头梳高髻，身着曳地长裙，宽袖而细腰束带，张臂漫步。

贵妇

25 cm × 82 cm　中主室门北立柱正面

女子头饰高髻，长衣曳地，阔袖，双手平托于胸前，作静立状。

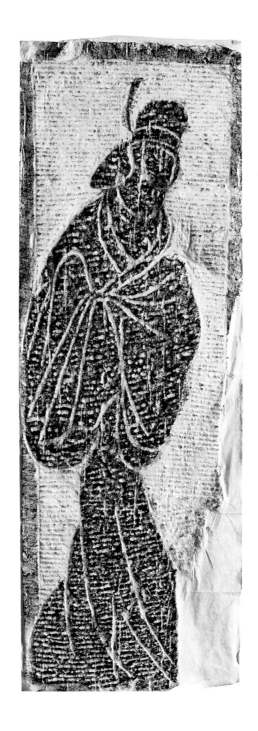

妇人

31 cm ×84 cm　南主室门北立柱南侧面

妇人头梳高髻，细腰，长裙曳地，作欠身静立状。

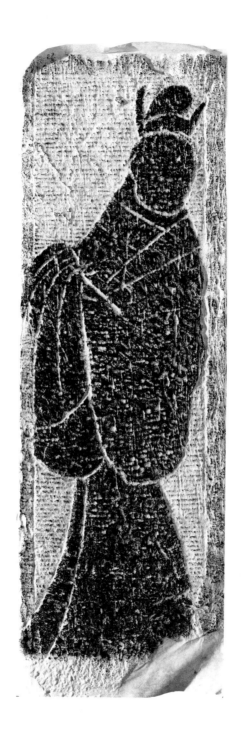

妇人

86 cm ×27 cm 北主室门北立柱正面

画刻一妇人，长衣，阔袖，拱手侧面而立。

侍婢

32 cm×120 cm　大门中立柱背面

画中应是女子，身着长衣，细腰，高髻。

二婢

52cm×82cm　前室南壁东假门后壁下端

画中二婢皆饰"山"形髻，身着长衣，皆为细腰，右边一婢怀中捧持不知何物，双双作侍立状。画像出土时下半部掩埋于泥土之中。

捧衣女子

33 cm ×88 cm　前室南壁西假门后壁下端

女子头饰高髻，着长衣，双手捧衣物，侧身而立。

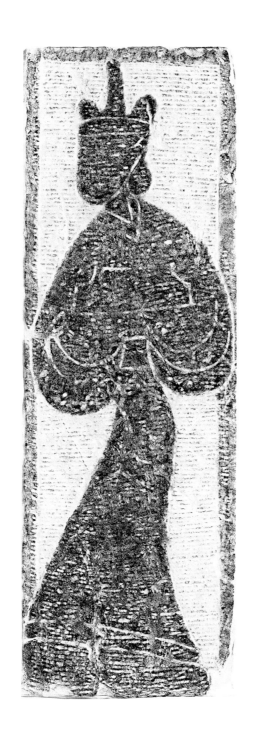

捧奁女子

33 cm×109 cm　前室北壁西假门后壁下端

女子头上似作"山"形发髻，脑后有垂发，发际与额上似束布巾之物。细腰，着长衣，双手
捧奁盒而立。

斗兽·骑射奔牛

144 cm×40 cm　前室西壁二门门楣

此画像由两块石头组成。画右一人，赤裸上体，下着短裤，左手按住怪兽的头，抬起右臂作打击状。画左一人，骑马奔驰，转身弯弓射击从后边奔来的野牛。

舞乐百戏

368 cm ×55 cm　三主室门楣正面

此画像由两块石头组成。画中五人为表演者，一女子张臂舒长袖跳盘鼓舞，地上三盘一鼓。
其左边一人蹲坐于地，双手上举，抛弄三丸。再左一人似倒立，画面漫漶。跳舞女子右边有
一男子，裸上身，跃足挥臂，似表演滑稽戏。右边一人双手操一杖，身体后倾，其面前放置
两套酒具。画像最左边刻三人，为踞坐观舞者，三人之前放置两套酒具。画像最右边另有五
人，左一人抚琴演奏，其他四人踞坐赏乐叙谈，五人之前放置有酒具。

搏击

136 cm × 40 cm　前室北壁假门二门门楣

二石中间刻饰云气相连，应为一幅画面，并且为人世之外的景象。画右有一神人，躯体魁伟健壮，面貌威猛，头饰发髻，上衣绾至肘上，下衣绾至膝上，作骑马架势，右手横枪而立；左一人戴冠，着长衣，左臂弯至胸前，右手指向后方，左腿弓行，作奔跑惊呼之状，奔向右边拿枪的神人。画像两边刻饰云气。

格斗

156 cm × 41 cm 前室南壁假门二门门楣正面

二门楣所刻应为一幅画面。画左有一神人，躯体魁伟健壮，面貌威猛，头饰发髻，上衣绾至肘上，下衣绾至膝上，作骑马架势，右手横枪而立。右一人奔走呼喊，似求援状。

三连灯

30 cm ×87 cm　　南主室门北立柱东侧面

画刻三连灯，灯架上刻三杈枝，每杈枝上有灯盘一个。灯架之下刻盘根状灯座。

【陈棚彩绘墓画像石】

搏虎

135 cm ×34 cm   后室北过梁北面

画左刻一虎，翘尾，瞪目张口作奔扑状。右刻一人，挥动双臂，跨步向前迎斗猛虎，右臂平
伸压虎口。画中饰云气和山峦。

熊

38 cm ×68 cm　北后室南梁柱侧面

画中一熊，举臂跃足作舞蹈状，头部漫漶。

熊

39 cm ×68 cm　南后室北梁柱北面

画面上刻一熊，竖耳直立，瞠目张口，扭头舞爪。

伏羲

20 cm ×60 cm　北后室南梁柱南面

伏羲人首蛇身，戴冠，身着襦服，手执灵芝。

女娲

20 cm×66 cm   北后室南梁柱北面

女娲头部画面已漫漶，蛇身，下垂曲尾，有双爪。

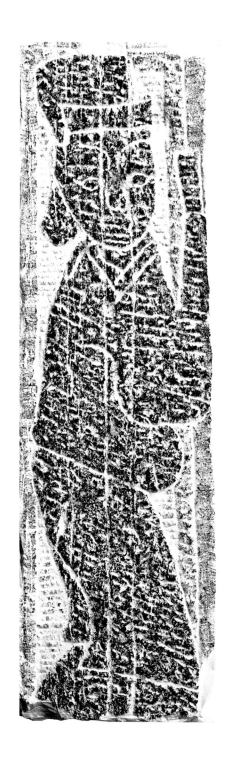

执笏小吏

20 cm ×70 cm　南后室北梁柱北面

画刻一人，戴冠，身着长袍，双手执笏，侧身而立。

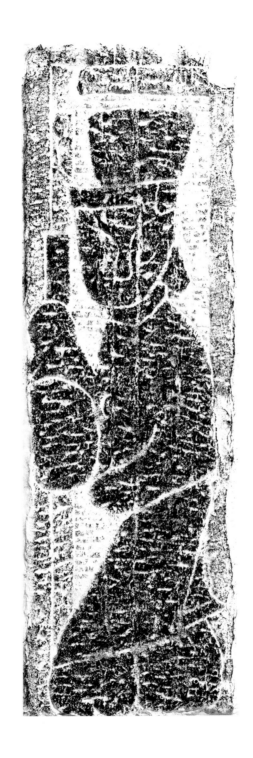

执笏小吏

20 cm ×68 cm　南后室北梁柱南面

画刻一人，戴冠，身着长袍，双手执笏，侧身而立。

拥彗小吏

21 cm×68 cm　南后室北梁柱南面

画刻一人，戴帻，身着长袍，双手拥彗，侧身跪地作恭迎状。

拥彗小吏

20 cm ×67 cm   南后室北梁柱北面

画刻一人，戴帻，身着长袍，双手拥彗，侧身跪地作恭迎状。

执笏小吏

27 cm ×69 cm　　南后室北梁柱正面

画刻一人，戴冠，身着长袍，双手执笏，侧身而立。

拥彗小吏

18 ㎝ ×68 ㎝   北后室南梁柱南面

画刻一人，戴帻，身着长袍，双手拥彗，侧身而立。

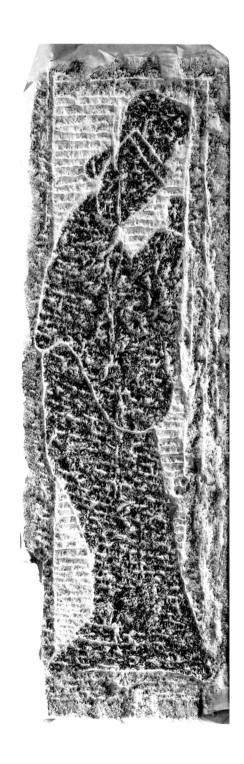

执笏小吏

29 cm ×68 cm　北后室南梁柱北面

画刻一人，戴冠，身着长袍，双手执笏，侧身而立。

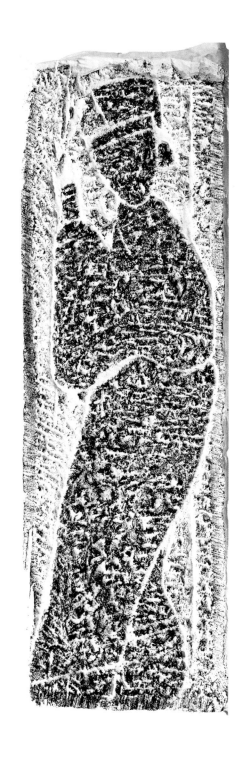

执笏小吏

26 cm ×68 cm　北后室南梁柱侧面

画刻一人，戴冠，身着长袍，双手执笏，侧身而立。

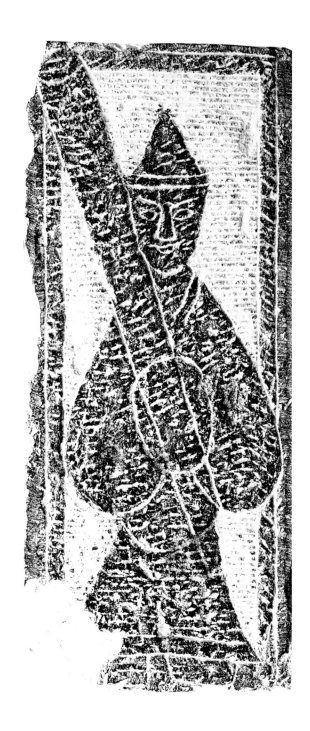

执金吾

26 cm × 68 cm　北后室南梁柱正面

画刻一人，戴帻，身着长袍，双手执金吾，正面端立。

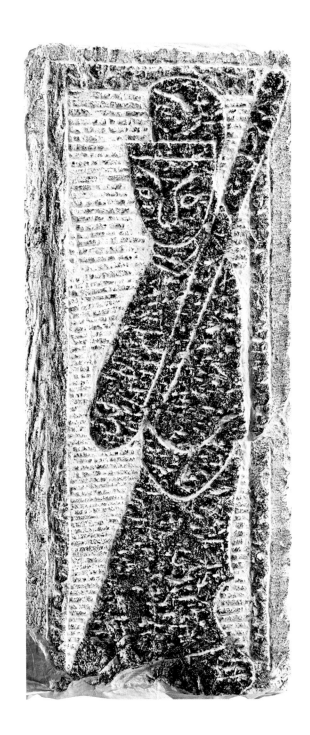

执金吾

30 cm × 69 cm　南后室北梁柱正面

画刻一人，戴冠，身着长袍，双手执金吾，侧身而立。

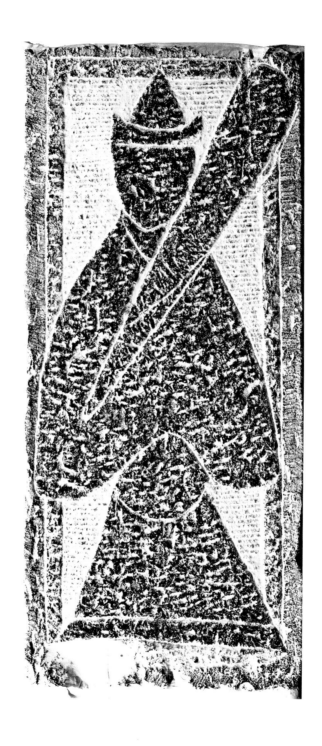

执金吾

27 cm ×67 cm　南后室北梁柱正面

画刻一人，戴帻，身着长袍，双手执金吾，正面端立。

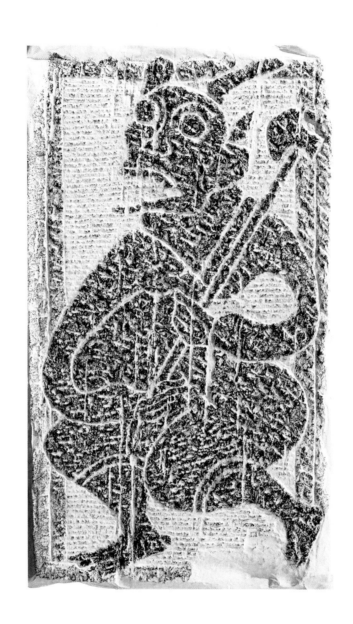

执钺神人

39 cm × 69 cm   南后室北梁柱南面

画刻一赤足神人，头束椎髻，面貌凶悍，双手执钺，侧身而立。

端灯侍女

25 cm×68 cm　　南后室北梁柱正面

画刻一侍女，头梳高髻，身着长袍，束腰，双手端灯，侧身而立。

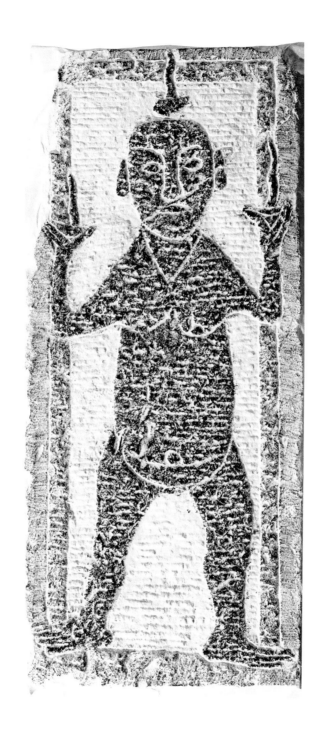

俳优伎人

26 cm ×70 cm   北后室南梁柱正面

画刻一人，上身赤裸，下身着紧身短裈，赤足。头顶置一盏灯，双手各托盏灯，三盏灯皆火
舌上蹿。

背囊侍女

38 cm ×68 cm　北后室南梁柱南面

画刻两人,一前一后。均头梳高髻,身着长袍,前者双手执一物,后者肩背一囊,侧身作行
走状。

捧奁侍女

28 cm ×64 cm　北后室南梁柱正面

画刻一侍女，头梳高髻，身着长袍，束腰，双手捧奁盒，正面端立。

端灯侍女

27 cm ×67 cm　北后室南梁柱正面

画刻一侍女，头梳高髻，身着长袍，束腰，双手端灯，侧身而立。

端灯侍女

27 cm×112 cm　北前室南梁柱东面

画刻一侍女，头梳高髻，身着长袍，束腰，双手端灯，侧身而立。

端盘侍女

26 cm×114 cm　南前室北梁柱正面

画刻一侍女，头梳高髻，身着红领长袍，束腰，双手端红盘而立，盘上放置盒和勺。长袍下部涂白色。

执金吾、拥盾小吏

27 cm ×112 cm　北前室南梁柱正面

画刻一人，唇部涂红色，头戴红帻，身着红领长袍，右手执红盾，左手执金吾，正面端立。

执棨戟门吏

26 cm×156 cm　北前室北门柱正面

画上刻一熊，竖耳直立，瞠目张口，扭头舞爪，眼和口部涂红色。下刻一人，头戴黑冠，下部饰红带，身着红边、白领、白袖黑色长袍，执棨戟，侧身而立。门吏面部涂土黄色，唇部涂红色，脖子涂白色。

拥彗门吏

26 cm×156 cm   北前室北门柱南面

画刻一人，头戴红冠，身着长袍，双手拥彗，侧身而立。门吏面部涂土黄色，唇部涂红色，脖子涂白色。

执戟门吏

30 cm ×154 cm　南前室南门柱正面

画上刻一对衔环；下刻一人，头戴黑冠，下部饰红带，身着红领、白袖黑色长袍，双手执戟，侧身而立。门吏脸部涂粉红色，脖子和脚部涂白色。

拥彗门吏

24 cm ×154 cm 南前室南门柱北面

画刻一人，头戴红冠，身着红领、白袖黑色长袍，双手拥白彗，侧身而立。门吏脸部涂粉红
色，唇部涂红色，脚部涂白色。

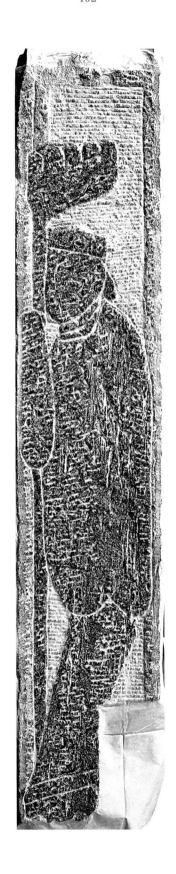

拥彗门吏

28 cm ×138 cm　北后室北门柱南面

画刻一人，戴帻，身着长袍，双手拥彗，侧身而立。

拥彗门吏

30 cm ×114 cm　南后室南门柱北面

画刻一人，戴帻，身着长袍，双手拥彗，侧身而立。

执金吾、拥盾门吏

25 cm × 110 cm　北前室南门柱南面

画刻一人，头戴红帻，身着红边、白领黑色长袍，左手执金吾，右手执盾，正面端立。门吏面部涂粉红色，脚部涂白色。

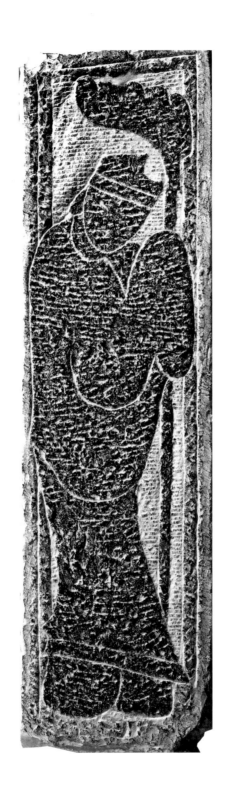

拥彗门吏

27 cm × 110 cm　北前室南门柱正面

画刻一人，头戴巾帻，身着宽袖长袍，双手拥彗，侧身而立。

执笏门吏

24 cm ×110 cm　北前室南门柱北面

画刻一人，头戴进贤冠，下部饰红带，身着白袖口、黑色长袍，双手执笏，侧身而立。上饰帷幔。门吏脸部涂粉红色，唇部涂红色。

执盾门吏

30 cm×110 cm　北后室南门柱北面

画刻一人，戴帻，身着长袍，双手执盾，正面端立。

捧奁侍女

25 cm ×110 cm　北后室南门柱正面

画上刻一鸟，口衔一丸，眼部涂红色。下刻一侍女，头梳高髻，身着红领长袍，束腰，双手
捧一奁盒，正面端立。侍女脸部涂土黄色，唇部涂红色，长袍下部和脚部涂白色。

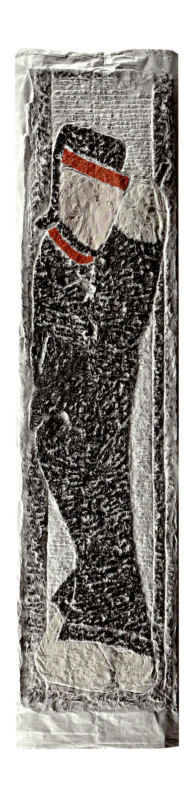

执笏门吏

24 cm × 114 cm 南前室北门柱北面

画刻一人，戴冠，下部饰红带，身着红领、白袖长袍，双手执笏，侧身而立。门吏脸部涂粉
红色，脚部涂白色。

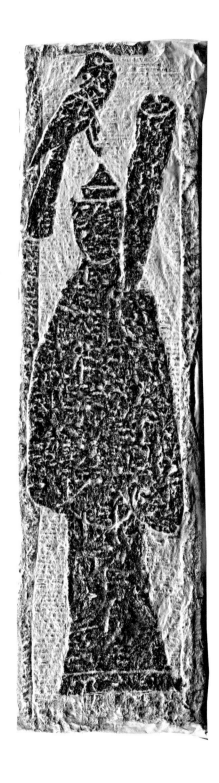

执金吾门吏

31 cm×113 cm　南前室北门柱东面

画上刻一鸟，眼部涂红色；下刻一人，戴帻，身着长袍，双手执金吾，正面端立。

画刻二人对弈，中置博盘及樽，持箸进行六博。

六博

108 cm ×30 cm　南前室门楣背面

画刻二人对弈，中置博盘及樽，持箸进行六博。

舞乐百戏

130 cm × 33 cm 南后室门楣正面

画左刻二乐伎，身着红色长襦，一人右手执排箫吹奏，左手摇鼗鼓，一人双手执管状乐器吹
奏。中间一俳优，右手执一弯曲棍状物。第四人为女伎，挥长袖作踏鼓舞，短衣下部涂红色。
右边二人坐，右手均执一物，帷幔着红色。画面上边刻三角锯齿纹，每隔一个倒置三角涂红色。

应龙·羽人·射兔

108 cm × 38 cm　南前室门楣正面

画左刻一应龙，作回首奔腾状，口舌、牙齿部涂红色。其后有一羽人，右手执一红色仙草，追逐应龙。右端另一羽人弯弓射兔，兔胸部中一矢。画上边刻三角锯齿纹，其中部分三角涂红色。下边刻双横线，在两线中间彩绘同心圆9个，圆心涂红色，圆外涂白色，中间涂粉绿色。

猎犬逐兔

157 cm ×36 cm　后室南过梁南面

画面山岭叠嶂，左刻二猎犬，犬体腾空拉成一线，猛扑右边在山林中奔跑的兔子。

锤击

156 cm×34 cm　后室南过梁北面

画左刻一力士，仰首跨步，右手持锤展臂，作锤击状。右刻一力士，上身赤裸，下身着短裤，
赤足仰卧，右手支头，左手放于胸前。画左饰山峦。

牛·狮·兽

144 cm×38 cm　中前室门楣正面

画左刻一牛，弓颈低首作前抵状，口部涂红色。中间刻一狮，口部涂红色，张口扑向右边的
红色怪兽。怪兽勾首夹尾，蹲坐于地。画上边刻三角锯齿纹，三角每隔一个涂成红色；下边
刻双横线，在两线中间绘同心圆 10 个，圆心涂红色，圆外涂白色，中间则涂粉绿色。

拳勇

108 cm × 38 cm　中前室门楣背面

画刻二人，徒手搏斗，画中饰云气。

建鼓舞

110 cm×34 cm　中后室门楣正面

画中间刻一建鼓，上饰羽葆，二击鼓人的短衣下部涂红色，每人各执一桴，且鼓且舞，左下角置卤。右边有一乐伎，身着红色长襦，右手执排箫吹奏，左手上举。画上边刻三角锯齿纹，部分三角涂红色。

拳勇·熊

158 cm×38 cm　北前室门楣正面

画左刻一熊，回首，作惊恐逃遁状，口部涂红色。右刻三武士，徒手搏斗，武士的短衣上部
涂红色。画面上边刻三角锯齿纹，三角每隔一个涂成红色；下边刻双横线，在两线中间绘同
心圆 10 个，圆心涂红色，圆外涂白色，中间则涂粉绿色。

二兕相斗

110 cm × 23 cm　北前室门楣背面

画刻二兕，独角披毛，弓颈低首，两角交触角抵。

兽斗

132 cm×32 cm　后室南过梁北面

画左刻一怪兽，弓颈低首，夹尾。右刻一狮，昂首翘尾，张口舞爪。怪兽背部上方饰云纹。

乘象

152 cm × 36 cm　后室北过梁北面

画右刻一象，作缓行状，象背上坐一人（头部漫漶），手执一棍状物。下刻高低起伏的山峰。
左边山巅有柏树两株，4只鸟向树间飞翔。

搏虎

160 cm × 37 cm　后室北过梁南面

画下刻高低起伏的山峰，山间一武士双手执长矛向虎猛刺，虎回首张口作惊恐欲逃状。山巅
有柏树，树上小鸟受惊飞走。

斗牛

132 cm × 32 cm　后室南过梁南面

画左刻一力士，右手举锤，左手推掌，与牛拼搏。右刻一牛，怒目弓首，扬蹄，以角前抵，
画中饰山峦和云气。

应龙

130 cm × 34 cm　后室北过梁南面

画刻应龙，张巨口，长舌伸吐于外，曲颈，展翼，翘尾，呈腾跃状。画中饰山峦和云气。

龙首

186 cm × 38 cm　前室南过梁北面

画刻一龙首，巨口露齿，螺纹卷唇，有角有须，肩生双翼，身披鳞甲。龙的眼、耳、口部涂红色。

龙首

186 cm × 38 cm   前室南过梁南面

画刻一龙首，巨口露齿，螺纹卷唇，有角有须，肩生双翼，身披鳞甲。

六博

120 cm × 34 cm　北后室门楣正面

画左一人，身着黑色长襦，双手执紫红色下饰二道黑边金吾，面右坐。中间二人对弈（六博），
均黑色发髻，身着红色长襦，中置紫红色的博盘及黑色的樽和勺。右一人，身着红领长襦，
正面端坐在紫红色的几案前。上边刻三角锯齿纹，三角每隔一个涂成红色。

二兕相斗

110 cm × 20 cm　中后室门槛正面

画刻二兕，披粉绿色毛，尾端分作三叉，弓颈低首，奋力相抵，眼部涂红色。下饰山峦。画上边刻一道横线边框，每10厘米间隔涂红色和粉绿色。

二兕相斗

110 ㎝ ×20 ㎝　南后室门槛正面

画刻二兕，披粉绿色毛，尾端分作三叉，弓颈低首，奋力相抵，眼部涂红色。下饰山峦。画
上边刻一道横线边框，每10厘米间隔涂红色和粉绿色。

兽斗

110 cm×21 cm　北后室门槛正面

画左刻一兽，作回首奔跑状；右刻一兕，披粉绿色毛，尾端分作三叉，弓颈低首，奋力前抵。

上边刻一道2厘米宽的横线边框，每10厘米间隔涂红色和粉绿色。

白虎铺首衔环

44 cm ×140 cm　中后室南门扉正面

画上刻一白虎，昂首张口，弓背翘尾；下刻铺首衔环和三角锯齿纹。虎口和铺首的眼睛涂成
红色，用墨笔勾绘铺首眼眶。

执笏门吏

54 cm×148 cm　中后室南门扉背面

画刻一人，戴冠，下饰红带，身着红领长袍，双手执笏，侧身而立，上饰帷幔。门吏唇部涂红色，脚部涂白色。倒置又刻一人，两人头部相互位于对方的长袍下部，应为错刻。

白虎铺首衔环

44 cm×142 cm　中后室北门扉正面

画上刻一白虎，昂首张口，弓背翘尾；下刻铺首衔环和三角锯齿纹。虎口和铺首的眼睛涂成
红色，用墨笔勾绘铺首眼眶。

持节使者

50 cm ×140 cm　北后室北门扉背面

画刻一人，戴冠，身着长袍，双手持节，节上饰三重旄，呈半月形，躬身而立。

朱雀铺首衔环

50 cm ×144 cm   北后室北门扉正面

画上刻红色朱雀，展翅翘尾，作飞舞状；下部刻铺首衔环和菱形纹，铺首眼部涂成红色。

朱雀铺首衔环

39 cm ×142 cm　北后室南门扉正面

画上刻红色朱雀，展翅翘尾，作飞舞状；下部刻铺首衔环和菱形纹，铺首眼部涂成红色。

【十里铺墓画像石】

朱雀铺首衔环

35 cm ×55 cm　中室北门扉正面

画刻朱雀铺首衔环。

画左刻一阳乌，右六星相连成斗形（最右面的一星被凿掉一半）。

星宿·阳乌

196 cm×33 cm　后室最西盖顶石下

画左刻一阳乌，右六星相连成斗形（最右面的一星被凿掉一半）。

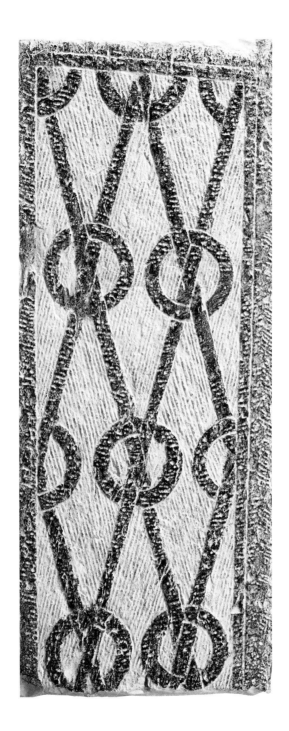

四方连续穿环

55 cm ×135 cm　中室南门扉背面

画为四方连续穿环图案。

应龙

32 cm×132 cm　中室南柱西侧

画刻一应龙，龙首一角，肩臂生翅。

应龙

162 cm × 42 cm　后室南壁西石北侧

画刻一应龙，仅有头颈，口部为圆雕。

应龙

162 cm×42 cm　后室北壁上部西石北侧

画刻一应龙，仅有头颈，口部为圆雕。

应龙

162 cm × 42 cm　后室北壁上部西石南侧

画刻一应龙，仅有头颈，口部为圆雕。

应龙

160 cm×41 cm 后室中柱北侧

画刻一应龙，肩生翼，张口奋爪，向前飞奔。

画刻一应龙和一神兽，在云气中相向嬉戏。

应龙·神兽

162 cm × 41 cm　　后室南壁上部东石北侧

画刻一应龙和一神兽，在云气中相向嬉戏。

白虎

160 cm × 41 cm 后室中柱南侧

画刻一白虎，作前行状。

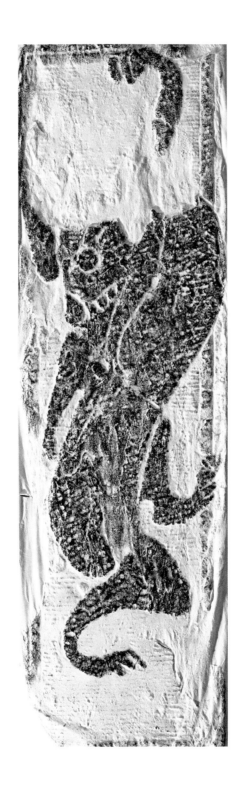

熊

32 cm × 105 cm　后室南壁东柱西侧

画刻一熊，张牙舞爪（头部有残损）。

画刻一熊，熊背处生翼。

熊

32 cm ×105 cm　后室北壁东柱西侧

画刻一熊，熊背处生翼。

山神

136 cm×32 cm　中室门北柱东侧

画刻一兽，龙身有翼，鸟首有冠羽，回首自衔其腹，可能是《山海经》中记载的"山神"。

昆仑山·西王母

144 cm×41 cm　中室南壁上部南侧（已调河南博物院）

画左刻山峦和一树，树下一人抚琴；中刻一树，树下一兽，垂首蹲坐，树上两鸟飞翔；右刻一昆仑山，西王母端坐于山中，其前有玉兔捣药，山顶一鸟（三青鸟）和一兽（九尾狐）。

神兽相戏

130 cm × 40 cm　后室门北柱东侧

画刻两神兽，独角有翼，相向张口作嬉戏状。

九头兽·羽人驭仙鹿

146 cm×87 cm 中室南盖顶石下

画中间有两只神鹿，两鹿间有抛物线状的长索相连，一羽人手握长索跟随两鹿飞奔。左上角是龟蛇交体的玄武。右下角一神灵，虎身有翼，两颈各有一头，尾部发七叉，七尾端均有一头。

四神·月

90 cm×146 cm 中室北盖顶石下

画刻月，月中有蟾蜍，另外还刻有羽人、朱雀、青龙、白虎。

祥云·神兽

140 cm×20 cm　墓门门楣内侧

画刻缭绕的祥云纹，两只神兽在云气中嬉戏追逐。

兽斗

171 cm×41 cm 后室北壁上部东石北侧

画左一虎，纵身猛扑；右面一怪兽，垂首夹尾蹲坐于地。

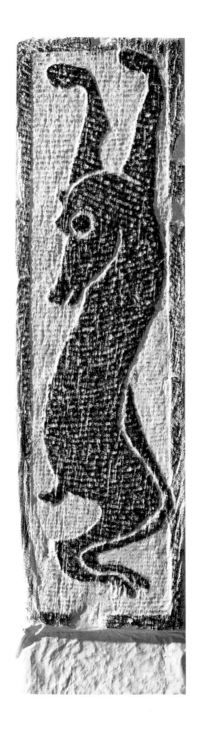

方相氏

42 cm × 131 cm　后室北壁西柱北侧

画刻一方相氏。

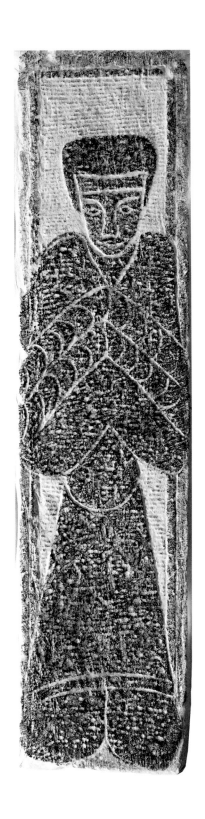

执盾人物

42 cm ×131 cm 后室北壁西柱南侧

画刻一吏，戴冠，穿长襦，正立，执盾。

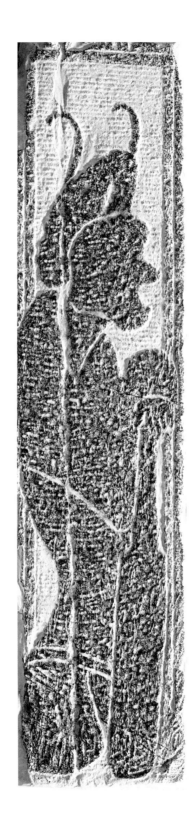

执板人物

31 cm×132 cm　中室南柱北侧

画刻一人，执板，冠上有二羽翎。

执棒人物

42 cm×132 cm 后室北壁西柱西侧

画刻一人，左侧立，双手执棒于胸前。

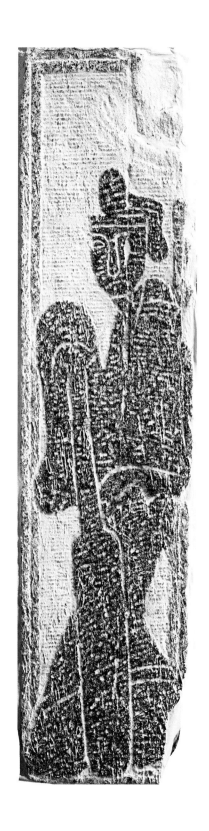

执板人物

31 cm×132 cm　中室南柱南侧

画刻一人右侧立，双手执板。

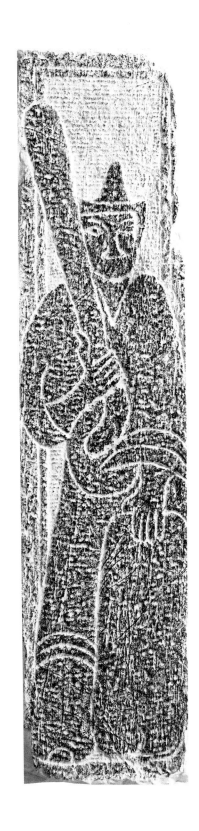

执棒人物

31 ㎝ ×132 ㎝　中室南柱南侧

画刻一人，侧立，双手执棒。

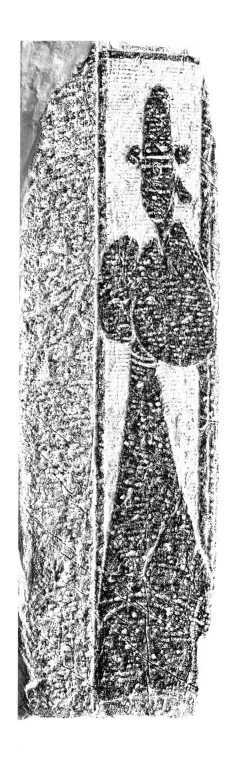

侍女

37 cm × 130 cm　后室西壁西柱西侧

画刻一侍女，高发髻，穿宽袖长衣。

侍女

37 cm ×130 cm　后室西壁西柱西侧

画刻一侍女，高发髻，穿宽袖长衣。

舞乐百戏

148 cm×41 cm　中室门楣

右方一伎在器物上单手倒立，其前一人两臂上举；中间一女伎，轻舒长袖翩跹起舞；左边三人跽坐，一人作举枹敲击乐器状，两人似在鼓掌，或为歌者。

辟邪逐疫

171 cm×41 cm　后室北壁东石南侧

画左一牛，耸肩翘尾，挺角疾冲；中间一人，戴赩头，奋力搏牛；右边一怪兽，垂首，夹尾。

戴面具人物

131 cm×42 cm　后室南柱西侧

画刻四人，姿态各异，右边一人腰间悬剑，有三人戴不同面具。

斗兽

139 cm × 43 cm　后室北壁中柱南侧

画中部刻蹲地俯首夹尾兽，兽左右各刻一人，左侧人物右手执物，左手下压兽首，右侧人物
腰佩剑，右手操绳索，绳索已缠绕兽首。

拜谒

162 cm × 41 cm　后室南壁上部东石南侧

画中间两女子，高髻，凭几端坐；其左三人，一人握剑站立，二人执戟屈身而拜；其右两人，
一人立姿，身前倾，另一人跪姿，俯首拜谒。

阳乌·双头兽

65 cm × 146 cm　东盖顶石

画上部刻一阳乌，展翅引颈飞翔；下部刻一双头兽，人头，连体，肩生羽翼。

图书在版编目（CIP）数据

中国南阳汉画像石大全 ／ 凌皆兵，王清建，牛天伟
主编． — 郑州：大象出版社，2015. 9
ISBN 978-7-5347-8601-3

Ⅰ．①中…　Ⅱ．①凌…　②王…　③牛…　Ⅲ．①画像石
－南阳市－汉代－图集　Ⅳ．① K879.422

中国版本图书馆 CIP 数据核字（2015）第 223660 号

中国南阳汉画像石大全

凌皆兵　王清建　牛天伟　主编

出 版 人　王刘纯
责任编辑　石更新　李建平
责任校对　何　力
封面设计　王莉娟
版式设计　杜晓燕　张　帆　王莉娟
　　　　　王晶晶　付锬锬

出版发行　大象出版社（郑州市开元路 16 号　邮政编码　450044）
　　　　　发行科　0371-63863551　总编室　0371-65597936
网　　址　www.daxiang.cn
印　　刷　郑州新海岸电脑彩色制印有限公司
经　　销　全国新华书店
开　　本　889mm×1194mm　1/16
印　　张　172.25
版　　次　2015 年 9 月第 1 版　2015 年 9 月第 1 次印刷
定　　价　3800.00 元

若发现印、装质量问题，影响阅读，请与承印厂联系调换。
印厂地址　郑州市文化路 56 号金国商厦七楼
邮政编码　450002　　　　　电话　0371-67358093